산이 주는 위로

산이 주는 위로

초판 1쇄 발행 2022년 6월 25일

지은이 이미숙
펴낸이 장길수
펴낸곳 지식과감성#
출판등록 제2012-000081호

교정 백승은, 김우연
디자인 이은지
편집 이은지
검수 김우연, 이현
마케팅 고은빛, 정연우

주소 서울시 금천구 벚꽃로298 대륭포스트타워6차 1212호
전화 070-4651-3730~4
팩스 070-4325-7006
이메일 ksbookup@naver.com
홈페이지 www.knsbookup.com

ISBN 979-11-392-0515-2(03810)
값 15,000원

• 이 책의 판권은 지은이에게 있습니다.
• 이 책 내용의 전부 또는 일부를 재사용하려면 반드시 지은이의 서면 동의를 받아야 합니다.
• 잘못된 책은 구입하신 곳에서 바꾸어 드립니다.

 지식과감성#
홈페이지 바로가기

사람들은 왜 하늘을 날고 싶어 했을까

산이 주는 위로

이미숙 지음

지식감정

Prologue

등산과 인생은 닮은꼴이다. 직벽에 가까운 된비알 오름, 숨이 턱 밑에 차고 한 걸음도 더 디딜 수 없다고 생각하는 순간, 정상에서 마주하는 풍광은 등산의 고단함과 힘겨움을 보상해준다. 우리 인생도 그렇다. 한고비 넘으면 또 한고비가 기다리는 녹록지 않은 삶에서 부단히 노력하면 어제보다 나은 오늘을 살 수 있기 때문이다.

2020년 2월부터 유행한 코로나19 바이러스의 확산 방지를 위해 최우선시되었던 마스크 쓰기와 거리 두기는, 가뜩이나 건조해지는 세상에 사람과 사람 사이의 물리적 공간뿐 아니라 마음까지 멀어지게 했다. 서로에게 거리를 두는 게 미덕인 시대가 되어버린 것이다.

일상의 많은 것들이 멈추고, 변하고 달라졌다. 그렇게 울며 겨자 먹기로 주어진 저녁이 있는 삶은 야금야금 불어나는 옆구리 살과 퇴근 후의 무료함을 안겨 주었다. 마치 태엽이 끊어진 시계처럼 멈춰 버린 시간 속에서 뭘 할까 한참 고민해보았지만 뾰족하게 생각나는 것이 없었다. 지루하지 않으면서, 거리 두기도 가능하고 체중 조절까지 할 수 있는 것, 그것은 바로 등산뿐이었다.

산을 하나 넘어야 도착하는 초등학교, 땔감을 구하러 다녔던 뒷동산, 먹거리와 놀거리가 마땅찮았던 우리에게 놀이터가 되어준 앞산.

산은 나에게 특별함이 아니라 생활이었고 삶이었다. 되돌아보면 나의 등산은 그때부터 이미 시작되었던 것이다.

매해 새로운 트렌드의 변화를 읽어내는 김난도 교수가 2021년 트렌드 키워드로 선택한 10가지 중 하나가 '오하운', 오늘 하루 운동이다. 작년 봄, 나는 인생 최고의 몸무게를 갱신하고 있었다. 꽉 낀 청바지를 입고 당황했던 적도 있었고, 신축성이 덜한 바지를 입을 땐, 손으로 바지를 잡아끌어야 하는 일이 다반사였다. 늘어난 허리에 맞춰 새 옷을 사기는 싫었다. 기어코 살을 빼서 예전 옷들을 편하게 입으리라는 야무진 생각을 했다. 그래서 오하운을 목표로 산을 오르기 시작했다. 다행히 집에서 가까운 거리에 청량산과 문학산이 있어 운동하기 딱 좋았다. 그렇게 여름을 나고 가을로 접어들면서 줄어든 나의 허벅지 사이즈를 보고 놀라는 지인들이 한둘 생기기 시작했다.

4시 40분에 퇴근하여 1시간 정도 소요되는 저녁 산행은 성취감과 뿌듯함을 주었고, 하루를 기분 좋게 마무리할 수 있게 해주었다. 그렇게 시작한 오하운이 내 생활과 삶을 대하는 태도를 바꾸어주었다.

산은 자연과 사람을 이어줄 뿐 아니라 사람과 사람을 이어주는 출렁다리다. 산악회에서 만났던 다양한 친구들, 역류성 식도염으로 운동을 하지 않으면 속이 불편한 1일 1산의 산 벗, 매주 화요일 정해진 시간에 만나 등산을 하면서 서로의 삶을 나누는 성당 언니, 갱년기로 새벽잠이 없어져 일출 산행을 즐기는 친구, 이렇게 산은 일상의 평범한 인연들을 더욱 가깝게 연결해준 일등공신이다.

등산을 하면서 산뿐만 아니라 그 속에서 삶을 이어가는 생명들에 대한 궁금증도 늘었고 자세히 관찰하는 눈도 생겼다. 무시로 드나드는 바람과 햇살, 오랜 시간이 빚어놓은 보석 같은 풍경들은 자체로 완벽하며 힐링을 넘어 몸과 마음을 치유해주는 보약이다.

청량산 진달래가 발그레한 얼굴을 내밀며 웃는 모습, 아카시아꽃이 달콤한 향으로 벌들을 부르는 손짓, 저녁 공양 시간을 알리는 흥륜사 범종 소리, 헉헉거리며 오른 산객들의 땀을 식혀주는 말간 바람과 마음의 평온함을 더해주는 청아한 풍경 소리, 나열할 수 없을 만큼 많은 것들을 보여주었다. 인천 대교의 낙조는 또 얼마나 아름다운지, 눈으로 가슴으로 보지 않고는 그 어떤 것으로도 표현할 수가 없다.

시시때때로 다른 빛깔과 다른 모습을 보여주는 변화무쌍한 자연,

하지만 늘 한결같이 우리를 품어주는 산. 삶이 침묵을 말할 때 산은 언제나 환호성을 지르게 했다. 일상의 많은 것들로 허우적거릴 때, 못마땅한 것들로 불평불만이 넘쳐날 때, 아무 때나 찾아갈 수 있는 곳이 바로 산이다. 무엇이든 헤아려줄 만큼 깊고, 온 세상을 굽어보도록 높다. 그 넓고 깊은 품을 가진 산을 나는 사랑한다.

1일 1산 하는 나를 보며 언니는 말한다.

"넌 이백 살까지 살겠다?"
"아니, 사는 날까지 건강하게 사는 게 목표지 이백 살까지 살고 싶은 마음은 없어."

꾸준함과 성실함은 최고의 방법이며 최대의 무기다. 아무리 하찮은 것이라도 꾸준히 한다는 건 정말 쉽지 않기 때문이다. 글쓰기는 내가 꾸준히 산을 탈 수 있는 원동력이 되었고, 그 글을 쓰며 산과 더욱 친해졌다. 2015년 이재연 교수님과 인연이 닿아, 독서심리 지도사 과정과 글쓰기 치료 및 책 쓰기 과정의 수업을 들으면서 블로그를 시작했다. 올 1월부터 시작한 블로그의 글들을 모아 출간까지 결심하게 되었다. 이 책에는 20대 풋풋한 청춘에 올랐던 산과 인생의 중반에 올랐던 산에 대한 이야기가 있다. 몇몇 편은 가슴속 나이

테에 품고 있던 이야기를 풀어놓았고, 근래에 오른 산들은 등산 준비에서 하산까지, 보고 느낀 것 위주로 썼다.

　어려서부터 산과 가까이 살았지만, 전국의 유명한 산을 많이 다녔거나 보여줄 만한 인증 기록은 없다. 그러기에 백두 대간 종주나 100대 명산을 완등한 산꾼들을 만나면 의기소침해지고 작아지는 나를 발견한다. 얼마나 오랫동안 산을 탔다고 글을 쓰는 거야?라고 한다면 난 정말 할 말이 없다.

　삶을 사는 것, 산을 오르는 것, 글을 쓰는 것은 즐겁고 신나기도 하지만 매우 어렵고 힘들기도 하다. 그리고 모두 다 첫걸음에서 시작한다는 공통점도 있다. 들머리에서 디딘 첫발이 멈추지 않았을 때 정상에서 멋진 비경을 만날 수 있고, 하나의 산을 넘으면 또 다른 산이 기다리고 있는 것이 삶이다. 때론 포기하고 싶고, 때론 주저앉아 울고 싶고, 한 발도 더 떼기 힘들 정도로 묵직한 다리는 모든 걸 놓아버리고 도망가고 싶게 만들기도 한다. 그러나 그 모든 과정을 견디고 한 걸음 나아갈 때, 다른 어떤 산도 넘을 수 있는 자신감이 생긴다. 그렇게 등산은 내 몸의 근육뿐 아니라 마음과 오감의 근육도 깨우고 늘려주었다. 한 올 한 올 늘어난 근육으로 앞으로 살아갈 시간들은 좀 더 풍요롭고 단단해 지리라 기대해본다.

산을 오르듯 삶을 즐기고 내가 오른 산으로 많은 사람을 초대하고 싶다. 그리고 함께 행복하고 싶다. 내 두 다리로 오른 산, 내 손으로 쓴 글을 통해 오늘도 나는 산 위에서 산 아래 행복한 세상을 꿈꾼다.

2021.11.25.
이미숙

Prologue • 4

서울 • 13

숨은 보석을 찾아 나선 걸음(북한산 Ⅰ)   14
해돋이 대신 곰탕을(북한산 Ⅱ)   20
아침 식사 꼭 먹고 다니세요(북한산 Ⅲ)   27

인천 • 33

두꺼비 바위에게 생명을(청량산 Ⅰ)   34
서해 바다 낙조는 아름다워(청량산 Ⅱ)   42
쑥 뜯으러 갔다가 신발 밑창이 뜯겼네(문학산)   46
산을 몇 개나 탄다고?(녹색 종주 길)   53

경기도 • 65

억새에게 배운다(명성산 Ⅰ)   66
경계를 넘어(명성산 Ⅱ)   74
김포의 금강산(문수산)   83
여름 산행의 불편함(청계산)   92
청춘의 푸른 도전(삼성산)   103

강원도 • 113

어게인 용화산을 외치며(용화산)	114
비현실적으로 아름다운 운해(삼악산)	124
찰나에 피고 지는 꽃, 상고대(태백산)	129
하늘 아래 첫 절(설악산 Ⅰ)	135
가을이 시작되는 그곳에서(설악산 Ⅱ)	149

충청도 • 161

비를 뚫고 신선을 만나러 가다(신선봉)	162
수려한 경관과 비경에 반하다(제비봉)	170

경상도 • 179

스무 살 첫 산행, 사랑을 만나다(지리산 Ⅰ)	180
밤하늘의 별이 된 춘근이(지리산 Ⅱ)	187
일출, 희망찬 하루의 시작(성인봉)	198
신령스러운 힘에 이끌려(갑장사)	206
너른 어머니의 품으로(갑장산)	213
산처럼 든든한 우정(속리산)	222
한반도의 등줄기에 서보다(낙동 정맥)	229

제주도 • 239

당일치기가 가능하다고?(한라산)	240

Epilogue • 250

서울

숨은 보석을 찾아 나선 걸음(북한산 Ⅰ)

　북한산은 도심과 어우러져 마치 한 폭의 병풍 같은 멋진 산으로, 지각변동과 침식이 만들어낸 걸출한 암봉들이 아주 많다. 그 암봉들이 보고 싶다는 친구와 릿지 기능이 있는 등산화를 신고, 이른 아침 외곽 순환 도로를 달렸다. 우이역 부근 공영 주차장에 주차하고 2번 출구에서 같이 산을 오를 친구들과 만났다. 얼른 산에 오르고 싶은 마음에 도선사까지 걷지 않고 택시를 이용하여 이동했다. 기사 님은 미터기를 사용하지 않고 인당 2천 원의 요금을 받았다.

　우리는 도선사 - 김상궁바위 - 입술바위 - 곰바위 - 영봉 - 자궁바위, 합궁바위 - 우이역으로 하산할 예정이다.

　천년고찰 도선사 입구에는 '만고 광명, 청산유수'라는 글귀가 새겨진 비석이 있다. '내가 열반에 들더라도 바뀌는 것은 아무것도 없다. 밝은 빛은 영원히 그대로일 것이요, 산은 푸르고 물은 흐를 것이다. 그러니 걱정하지 말라.' 2004년 숭산 큰 스님께서 열반에 드시기 전 불안해하는 제자들에게 하신 말씀이라고 한다. '걱정을 해서 걱정이 없어지면 걱정이 없겠네'라는 티베트 속담처럼 불안과 걱정으로 문제가 해결되지 않는다. 상황이 어렵더라도 각자의 길을 쉼 없이 가야 한다. 내일 태양은 다시 떠오르고 물은 쉼 없이 흐를 것이다. 귀한 말씀 새기며 가벼운 발걸음으로 나아간다.

도선사 경내는 포근한 날 산을 찾은 등산객과 자동차들로 어수선하다. 복잡한 세상을 살아가는 우리 마음속 번뇌를 보는 듯하다. 주차장을 지나 좌측의 용암문 지킴 터에서 산행이 시작된다. 따사로운 햇살과 바람은 한 걸음 앞서가며 봄을 노래하는데 얼어 있는 계곡물은 겨울의 흔적을 여실히 보여주고 있다. 널따란 바위에 촘촘히 퍼져 있는 파릇파릇한 이끼는 최초로 육상 생활에 적응한 식물군답게 그들만의 방식으로 오랜 세월 잘 살아내고 있다. 그 강인한 생명력과 오랜 세월 살아온 노하우에 큰 감동이 밀려온다. 어떤 삶이든 반드시 답을 찾는다는 사실을 작은 이끼가 보여준다.

인적이 드문 계곡을 따라 조금 올라오니 우리가 찾던 첫 번째 바위가 보였다. 바로 김상궁바위다. 옛날 궁궐에 김 씨 성을 가진 상궁이 나이 들어 은퇴 후 정광화라는 법명으로 불교에 귀의하였다. 수도에 정신하다 운명하고 수습한 사리를 봉안한 장소가 이 바위 상단에 있다. 참된 수행의 결과로 생겨난 구슬인 사리는 한때 성행한 사리 신앙의 징표이기도 하다.

우거진 잡목을 온몸으로 헤치며 올라와 두 번째 바위를 찾았다. 커다란 돌덩어리에 두툼한 입술을 가진 바위로 마치 임을 기다리는 듯 애잔한 느낌이 든다. 누군가 붙여놓은 듯한 입술의 모양이 신기하고, 그 입술 하나로 차가운 돌에서 감정이 느껴지니 놀랍다. 북한산이 가진 보물이라 할 만하다.

한국 알프스 산악회 샘터에 맑은 물이 고여 있다. 물이 많지 않은 걸로 봐서 올겨울 눈 소식이 귀했음을 알 수 있다.

샘터 앞 평평한 곳에 자리를 펴고 앉았다. 각자 준비해 온 간식과 서로의 삶, 산에 대한 애정을 나누며 봄 햇살이 주는 비타민을 온몸 가득 채웠다.

곰바위에서 바라본 코끼리 바위
긴코를 늘어뜨린 코끼리가 성큼성큼 내 안으로 들어온다

많은 등산객이 드나드는 곳이 아니기에 내가 가는 길이 곧 등로이다. 가파른 오름에 크고 작은 바위들을 딛고 힘겹게 계곡을 올라 곰바위를 찾았다. 널찍한 바위에 두 다리 쭉 뻗고 앉으니 맞은편에 코끼리 바위도 보였다. 멀리서 보면 코끼리를 닮았다 하여 붙여진 이름인데, 긴 코를 늘어뜨린 모습이 영락없이 코끼리 같다. 보는 방향에 따라 주먹을 쥔 것처럼 보인다 하여 주먹 바위라고도 한다. 이렇듯 사물의 이름은 그 고유의 모양과 특징을 가장 정확하게 알려준다. 북한산 비법정 탐방 코스에는 이처럼 희귀한 바위들이 많다. 그래서 사람들은 이 코스를 올라보고 싶어 하나 보다.

백운산장으로 내려와 하루재를 거쳐 영봉으로 오른다. 산에서 위로받는 건 사람이나 나무 한 그루나 매한가지인 모양이다. 속이 타다 못해 텅 비어버린 나무가 외과수술을 받고 청춘의 푸르름을 유지하고 있다. 지울 수 없는 상처를 입고도 다시 버텨낼 수 있는 건 단단히 뿌리를 잡아주는 흙이 있고 어깨를 내어주는 이웃 나무들이 있기 때문이다. 그렇게 함께 긴긴 시간을 건너온 나무들이 깊고 푸른 숲을 만든다.

영봉은 암벽 등반 명소인 인수봉을 가장 전면에서 조망할 수 있는 곳이다. 예전에 이 봉우리 곳곳에 북한산 등반 도중에 숨진 산악인들을 추모하는 비석들이 인수봉을 향해 세워졌다. 영봉이라는 명칭은 이들 '산악인들의 영혼의 안식처'라는 의미가 담긴 것으로 1980

년대에 붙여졌다고 한다. 불의의 사고로 산에서 잠든 영혼들을 위해 잠시 마음의 기도를 드렸다.

영봉에서 내려오다 잠시 놀라본 모전
시기 도 높시 ㅇㅇ 닙이시?

보물찾기를 하듯 설레는 마음으로 나선 길에서 만난 마지막 바위는 자궁바위와 합궁바위다. 엄마의 자궁은 아가들의 요람이며, 세상에서 가장 편안한 쉼을 할 수 있는 곳이다. 한 사람이 겨우 통과할 수 있는 자궁바위에 올라 무의식의 바닥에 깔려 있는 엄마의 태 안을 그리워하며 몸을 웅크려본다. 자궁바위 옆으로 남녀의 성기를 닮은 합궁바위가 있다. 조각가에 의해 만들어진 작품이 아닐까 싶을 정도로 사실적인 모습에 쳐다보고 있기가 민망하다. 정말 신기하고 오묘한 자연의 신비에 입이 떡 벌어진다. 바위들은 시시각각 보는 자리마다 다 다른 모습이다. 그렇기에 어떤 이름을 붙여도 다 맞는 것 같다.

우이동으로 하산하며 북한산의 신기한 바위 투어를 무사히 마쳤다. 살면서 우리는 얼마나 감사를 외치며 살까. 한고비 넘길 때마다 한 고개 넘을 때마다 가슴 저 깊은 곳에서 울컥거리며 올라오는 감사. 등산을 다니면서 그 감사가 더 늘어났다. 작은 산이라도 무사히 내려오면 저절로 기도가 나오니 말이다.

저 높은 산에서부터 따라 내려왔을까. 모습이 보이지 않던 맑은 물이 우이 분소를 지나 우이역을 향해 내려가는 우리를 배웅한다. 고단한 산행에 수고했노라 노래를 부르는 것 같다. 그 맑은 물속에서 쉼 없이 자맥질을 하는 물오리들은 분주한 등산객의 발소리와 상관없이 여유롭게 노닐고 있다.

다양한 모습과 고유의 이름을 갖고 많은 사람들과 어우러져 사는 우리처럼 타고난 모습에 따라 이름을 부여받은 북한산 암봉들, 너무나 멋지고 웅장한 모습에 오늘 하루가 꽉 채워졌다. 산이 좋아 산을 매개로 만난 친구들과 하루를 마무리하며 집으로 향하는 차 안에서 나른한 몸에 졸음이 쏟아진다. 하루치의 빛을 비춰 만물을 양육하고 소생시킨 해님도 바다로 들어가며 오늘을 마무리한다. 붉은 노을이 참 아름답다.

해돋이 대신 곰탕을(북한산 Ⅱ)

　새벽에 일어난다는 것은 삶을 누구보다 열심히 산다는 것을 의미하는 듯하여, 몸은 피곤하지만 마음은 뿌듯하다. 특히 잠자는 시간을 아까워하는 나는 더더욱 그렇다. 새벽 3시에 도둑고양이처럼 살금살금 문을 열고 집을 나섰다. 인숙이와 북한산 백운대 일출 산행을 하기 위해서다.

　기계치에 가까운 나는 차량 내비게이션의 업그레이드 안내를 받고도 무시했다. 차를 이용하여 낯선 곳을 방문할 계획이 없었기 때문이다. 그런데 막상 북한산을 가려고 하니 미리 준비하지 않은 것이 후회스러웠다. 그래서 실시간 교통 상황을 반영해주는 휴대전화의 티맵을 이용하기로 했다. 별빛도 달빛도 꾸벅꾸벅 졸고 있는 까만 밤, 손바닥만 한 휴대전화의 지도를 봐가며 운전을 하려니 여간 불편한 게 아니었다. 이제는 노안으로 돋보기를 쓰지 않으면 작은 글씨는 그저 까만 점으로 보이고, 어두운 곳에서는 더더욱 글씨가 잘 보이지 않는다.

직접 운전했던 건 아니지만 5~6번 북한산에 다녀온 경험이 있다. 대부분 외곽 순환 도로를 타고 갔던 것 같은데 오늘 티맵은 다른 길로 안내해주었다. 서울 구경시켜주기로 작정한 듯 복잡한 시내를 관통하게 하는 것이다. 앱을 따라갈 수밖에 없지만 참 난감했다. 이럴 땐 앱이 있어 편리하다는 말보다 약 오른다는 말이 먼저 나온다. 믿는 도끼에 발등 찍힌 이 기분….

서울 지리에 익숙하지 않은 나는 엄청 긴장하며 운전했다. 낯선 길과 촉박한 시간이 더해져 불안해졌고 그 감정이 나를 삼켜버릴 듯했다. 등을 곧추세우고 운전대를 잡은 손에 땀이 날 때쯤, 백운 탐방지원센터가 있는 도선사 주차장에 도착했다. 안도의 한숨이 절로 나오며, 무사히 도착한 것이 기특하고 대견스러웠다.

4시 30분 어둠이 가장 짙은 시간이다. 지구의 저 깊은 곳에서 떠오르는 붉은 해를 기대하며 산행을 시작했다. 백운대는 많은 등산객들이 일출 산행으로 꼽는 명소이다. 도선사 주차장에서 백운대까지 거리는 2.2km로 1시간 30분 정도면 오를 수 있다. 산을 둘러 가지 않고 가장 빠르게 내지르는 길이다 보니 매우 급하고 힘든 코스다. 등산로 입구에 '북한산 야간 산행 금지'라는 글씨가 붉은색 조명으로 바위 전체를 뒤덮고 있다. 내딛는 첫걸음에 섬뜩한 마음이 들었지만 그 문구가 일출을 보겠다는 등산객들의 의지를 꺾거나 발길을 멈추게 하지는 못했다. 그렇다면 그 조명이 의미하는 건 뭘까? 아마 야간 산행의 위험을 알리고 안전에 대한 경각심을 주기 위해 설치된 것 같다.

　일출 산행에 대한 부담감 때문에 잠을 설쳤다는 인숙이가 어지럼증을 호소하며 가다 서다를 반복했다. 발 빠른 등산객들은 이미 어둠 속으로 사라졌고, 늦게 올라온 산객들도 우리를 추월하여 올라가고 있다. 마음만큼 따라주지 않는 몸이 해돋이에 대한 욕심을 부릴 때가 아님을 말해주는 듯하다.

　《이솝우화》의 여우와 신 포도 이야기가 생각났다. 높이 달려 있어 먹어보지 못하는 포도를 포기하고 돌아서면서 여우는 스스로를 위로했다. 흐릿한 날씨는 여우의 신 포도처럼 아쉬움보다는 위안이 되었다. 마음을 비우고 나니 한결 편안해지고 서두르지 않아도 되니 주변을 돌아보는 여유가 생겼다.

　어둠 속에서 군데군데 보이는 산객들의 불빛과 내 이마에서 나를 비춰주는 불빛으로 산길을 가늠하며 그들의 대열에 끼여 산을 올랐다. 잠이 덜 깬 듯 찌뿌둥한 몸을 달래가며 올라와 벌써 중반에 이르렀다. 더딘 걸음이긴 했지만 등린이보다 좋은 성적을 거둘 수 있었던 건 그동안 다녀온 많은 산들이 몸과 마음의 근육을 키워준 덕분이다.

　탐방센터에서 영봉 삼거리까지는 가파른 산길이다. 잠시 숨을 고르고 다시 걷다 보니 조그마한 암자가 나왔다. 인수봉 밑에 자리 잡은 인수암이다. 불이 훤히 밝혀진 채 스님들은 새벽 불공을 드리고 있다. 아무도 없는 새벽이어서인지 산사의 불빛은 더욱 밝았고 경건했다.

인수암을 지나면 산길은 정상을 향해 더욱 가팔라진다. 그래도 위험한 바윗길마다 나무 계단이 설치돼 있어 어두운 밤이지만 비교적 안전하게 산행을 이어갈 수 있다. 삶도 그렇다. 가파른 언덕길로 오름만 연속된다면 그 삶을 살아내기가 여간 어렵지 않을 것이다. 하지만 빠르게 내려가는 내리막길도 있고, 순탄한 평지 같은 길도 있기에 앞으로 나아갈 수 있는 것이다.

북한산 백운대
해돋이를 보지 못했어도 전혀 아쉽지 않아!

시간이 흐를수록 시야는 차츰차츰 선명해진다. 고도를 달리하며 굽었던 허리를 펴고 고개를 들면서 더 많은 것들이 눈에 들어온다. 천년 동굴에 촛불 하나 밝히면 어둠은 사라지고, 가파른 산길에서 마주한 어둠 역시 해가 떠오르면서 흔적도 없이 사라진다. 우리 마음속에 있던 걱정과 불안함도 사라졌다. 모든 것에 공평하고 평등하게 비춰주는 태양이 있어 정말 감사하다.

"태양이 빛에 대한 값을 달라고 하면 어쩌지?"
"뭘 걱정해, 봉이 김선달처럼 태양 빛을 팔아야지."

북한산은 단위 면적당 가장 많은 탐방객이 찾는 국립공원으로 기네스북에 기록될 정도다. 그 등산객이 수없이 드나들었을 백운산장은 코로나19로 폐쇄되어 한적하다 못해 을씨년스럽다. 지구촌 모든 이들의 소망인 코로나가 종식되어 활기를 띤 산장의 모습을 기대하며 잠시나마 마음의 손을 모아본다. 산장을 지나 봉암문에 다다르면 오른쪽으로는 백운대로 오르는 길, 왼쪽으로 만경대에 오르는 갈림길이 나온다. 우리는 백운대 쪽으로 방향을 잡았다.

경사가 마치 직벽처럼 느껴지는 백운대를 목을 한껏 뒤로 젖혀 올려다본다. 인간의 도구로 측정 불가할 것 같은 어마어마한 암릉 앞에 한없이 작아지는 나를 발견한다. 하늘 아래 고개를 들 수 없고 허리 세워 두 발로 걸어갈 수 없는 암릉, 자연 앞에 겸손해지라고, 뒤를 돌아보지 말고 그저 묵묵히 앞으로 나아가라고 말해준다. 투덜거리며 살아온 나에게 현명한 삶을 살아가는 처세술을 알려주는 것이다. 그 귀한 가르침을 바위산을 오르며 몸으로 익힌다.

 붉게 물드는 하늘도, 해도 보지 못하고 서운함과 안타까움을 안고 내려가는 사람들, 멋진 운해를 기대하며 인내심을 갖고 기다리는 사람들, 어떤 모습이든 북한산이 주는 모든 것들을 즐기는 사람들, 다양한 모습을 보여주는 사람들은 저마다 살아온 방식대로 산도 즐긴다. 그들 사이에서 따뜻한 커피와 빵, 과일을 나누며 우리도 그 시간을 즐겼다. 백운대 넓은 바위에 머무르는 동안 북한산의 모습은 참으로 변화무쌍했다. 그 변화는 감동을 주기도 했고 아쉬움을 주기도 했다. 삶이 크고 작은 변화를 맞이할 때마다 내가 그랬던 것처럼 말이다.

 해 지는 줄 모르고 골목을 누비며 숨바꼭질하던 개구쟁이처럼 거대한 암봉들과 구름의 놀이 역시 그치지 않는다. 북한산과 우리는 내일을 약속하며 하산 길에 오른다. 단 한 번이라도 자연과 교감을 나눠봤다면, 자연이 주는 위로와 치유를 경험했다면, 누구라도 그 진한 감동을 잊기란 쉽지 않을 것이다. 신비롭고 몽환적인 곰탕(등산 전문 용어)은 시원한 에어컨 바람과 이부자리의 유혹을 뿌리치고, 깜깜한 어둠 속에서 밀려오는 불안한 마음을 뚫고 달려온 우리에게, 등산의 희열을 느끼게 해주었다.

나를 찾아 나선 걸음에 마주한 거대한 자연의 신비는 그 순간이 아니면 즐길 수 없다. 그 즐거움은 오르면서 느낀 고단함을 비눗방울처럼 사라지게 한다. 원조 맛집에서 먹은 뜨끈뜨끈한 곰탕 한 그릇은 등에 붙어 있던 육신의 배를 불려주고, 백운대 곰탕은 몸과 마음에 찌든 고약한 것들을 씻어준다.

아침 식사 꼭 먹고 다니세요(북한산 Ⅲ)

　사람이 살아가면서 가장 필요한 것은 무엇일까? 당연히 의식주라고 얘기할 것이다. 의식주란 사람이 살아가는 데 필수적인 3가지 요소로 옷, 음식, 집을 뜻한다. 그 어떤 것도 없어서는 안 되는 것이지만, 음식이 등산에서 얼마나 중요한지를 깨닫게 해준 산행이 있었다.

　2018년 7월 22일, 활동하고 있던 산악회에서 북한산 숨은벽 능선을 다녀왔다. 숨은벽은 북한산 정상의 백운대와 인수봉 사이에 숨어 있는 능선이라는 뜻으로 북쪽에서만 바라보아야 보인다고 한다. 얼마나 숨었으면 이름마저 숨은벽일까. 그나마도 1970년대에 한 산악회가 붙여준 이름이라고 한다. 평생을 이름 없이 살다가, 느지막이 얻은 이름이 숨은벽이라니. 애잔한 마음과 무명으로 살아낸 삶에 대한 존경심이 일어난다.

　언제 찾아가도 명산인 북한산, 그중에서도 숨은 매력을 보여주는 숨은벽 코스는 북한산이 간직한 가장 은밀한 비경이 아닐까 생각한다. 숨은벽은 북한산을 오르는 많은 코스 중에서 제법 난이도가 높다. 그러나 힘든 만큼 그 이상의 풍경을 감상할 수 있는 산행 코스다. 물론 마지막 깔딱 고개는 정말 숨이 넘어갈 정도로 힘들다.

북한산 숨은벽 능선
걸출한 암봉들이 바위 타는 재미를 더한다

북한산은 수도권 어디에서도 접근이 용이하며, 어느 코스로 올라도 아름다운 풍경을 볼 수 있기에 인기가 많은 산 중 하나다. 밴드에 '북한산 백운대' 주말 산행 공지가 올라왔다. 개인 차량 2대, 7명 모집으로 공지를 하였으나 생각보다 많은 산우들이 참석 의사를 밝혔다. 대장은 미니버스를 제공받아 넉넉하고 편안하게 이동할 수 있도록 진행해주었다.

새벽 6시 30분 선선한 이른 아침이다. 인천 지하철 부평역 지구대 앞에서 14명의 산우들이 모였다. 예정된 들머리는 밤골이었으나, 인공 구조물로 진입로를 막아서 사기막골로 이동하여 들머리를 잡았다. 호기롭게 출발은 했지만 계속되는 오르막에서 비 오듯 쏟아지는 땀은 등산에 고단함을 더했다.

"올라갈 수 있겠어요?"
"네, 힘들지만 천천히 올라가 볼게요. 아침을 먹지 않아서 그런지 속이 울렁거리고 어지러워요. 늦어서 미안해요."

악명 높은 숨은벽 깔딱 고개에서 문희숙 님이 버거워하고 있다. 산행 대장과 선발대는 어디쯤 갔는지 보이지도 않고 소리조차 들리지 않는다. 후미로 따라가던 우리는 알바까지 하면서 산우를 챙겨야 했다.

"도저히 안 되면 말해요. 내가 같이 내려가줄게요."
"오빠, 진짜 내려가시게요?"
"그럼 어떻게 해요? 저렇게 힘들어하는데… 혼자 내려가라고 할 수도 없잖아요."

힘들어하는 산우의 손을 잡아끌어주고 기다려주긴 했지만 우리 중 그 누구도 같이 하산하겠다고 말한 사람은 없었다. 그렇게 하산하기엔 숨은벽 능선이 너무 아쉽기 때문이다. 그런데 69년생 신철수 님이 용기를 내어 하산을 권유했다. 누구보다 산을 좋아하고 숨은벽의 멋진 비경을 보고 싶었을 텐데 힘들어하는 산우를 지켜보기가 많이 안타까웠나 보다. 기꺼이 희생하겠다고 한 신철수 님의 배려가 깊은 감동으로 다가왔다.

신철수 님의 말에 기운을 얻었을까? 힘들어하던 문희숙 님은 마지막 힘을 내어 깔딱 고개를 무사히 넘었다. 우리보다 한참을 앞서갔을 거라고 생각했던 선발대도 바로 뒤에서 따라오고 있었다. 선발대 역시 우리가 보이지 않아 여러모로 걱정하고 연락을 취하려고 노력을 한 것 같다.

간식을 나눠 먹는 시간은 언제나 즐겁다. 같이 간 동료들이 모두 무사한 것에 감사하며 우리는 각자 챙겨 온 간식을 먹으며 휴식 시간을 가졌다. 아까 힘들어하던 문희숙 님은 간식을 야무지게도 챙겨왔다. 많은 간식을 챙기느라 분주했기 때문에 식사를 하지 않은 걸까, 아니면 습관적으로 먹지 않는 걸까. 정확한 이유는 물어보지 않았지만 등산에서 식사는 굉장히 중요하다.

그날 14명의 산우는 숨은벽의 압도적인 비경을 감상하고 무사히 하산했다. 숨은벽만 다녀오기엔 많이 아쉬운 코스였지만 서울 낮 기온이 38도를 오르니 백운대까지 가는 것은 도저히 무리였다. 산행을 끝내고 부평구 계산동에 도착하여 이른 점심을 먹었다. 백운대에 대한 아쉬운 마음을 접지 못한 몇몇 산우들이 계양산 등산을 하겠다고 했다. 인천에 살면서 계양산을 한 번도 가보지 않은 나도 그 멤버에 합류하여 계양산을 올랐다.

그날은 1일 2산을 한 기록적인 날이었고 먹는 것, 특히 든든한 아침 식사가 등산에서 얼마나 중요한지를 몸으로 깨달은 날이었다.

숨은벽 바나나 보트
바나나 보트는 바다에서만 타는 게 아니야

서울 31

인천

두꺼비 바위에게 생명을(청량산 Ⅰ)

"음…, 뭘 챙기지?"
"정상에서 마실 커피 물을 끓이고, 장갑이랑 토시도 챙기고, 모자도 써야지. 그리고 매직이 어디 있더라?"

초록이 절정을 이루는 뜨거운 여름, 인공적인 바람에 익숙해진 몸과 마음을 이끌고 자연의 바람을 찾아 청량산으로 떠난다. 출근 준비로 분주한 시간에 등산이라니, 흔치 않은 일이다. 그러나 회사 사정상 갑작스럽게 쉬게 되어 산을 오르는 횡재를 하게 된 것이다.

올 8월은 철강 제품의 원자재 수급이 원활하지 않아 우리 회사도 계속 힘들어하고 있다. 월초에 8일간의 긴 휴가가 끝난 지 며칠 지나지 않았는데 또다시 6일간의 휴업에 들어간 것이다. 14년 동안 당연하다고 생각했던 출근길이 새삼스럽게 감사로 다가오는 아침이다. 복잡하게 엉켜 있는 실타래를 푸는 마음으로 산에 올랐다. 그리고 어렵고 힘든 이 시간에 대한 또 다른 의미를 찾고 싶었다.

청량산은 산세가 아기자기하고 야트막한 게 여성스러운 느낌이 드는 산이다. 산자락에 참빗처럼 촘촘하게 펼쳐진 숲이 도심 가까이에 있어, 39만 연수구민들이 매우 사랑하는 산이다. 집에서 산까지 걸어서 30분 정도 걸린다. 하지만 오늘은 차를 타고 이동했다. 등산이 끝나고 옥련동(구 송도) 크로플(크로와상+와플) 맛집에서 브런치를 먹으며 책도 보고 혼자만의 오붓한 시간을 즐길 예정이다. 10분 정도 달려 공영 주차장에 도착하였다. 음식점들이 몰려 있는 이곳은 늘 주차난으로 몸살을 앓지만, 오늘은 이른 시간이라 그런지 주차 공간이 여유로웠다.

굽이진 인생처럼 구불구불하게 휘어진 소나무 길, 600m를 걸었다. 포동포동한 아기 손등처럼 작은 언덕 두 개를 오르면 '청량산 장터'가 나온다. 그곳에는 조갯살, 낙지 등 인천 앞바다에서 잡은 해산물과 싱싱한 야채 같은 것을 파는 어르신 두 분이 항상 나와 있다. 그래서 붙여진 이름이다. 그곳은 청학동과 여성의 광장, 연수 성당 방향에서 오른 등산객들이 만나는 사거리며 산을 오르는 길목이다.

장터를 지나면서 본격적으로 오르막이 시작된다. 그 오르막을 따라 걷다 보면 오른쪽에 커다란 바위 하나가 덩그러니 앉아 있는 것을 볼 수 있다. 그 모양이 마치 두꺼비 같기도 하고 귀여운 디지몬(캐릭터) 같기도 하다. 내가 보기에 복스러운 두꺼비를 닮았다. 그래서 '청량산 두꺼비 바위'라고 부르기로 했다.

　두꺼비 바위에 눈이 생긴 게 언제부터였을까? 누구의 작품일까? 정확하게 기억이 나지 않지만, 누군가 매직으로 그려놓은 동그란 눈이 양쪽에 있다. 눈이 생기기 전 두꺼비는 그저 차가운 바윗덩어리에 불과했지만, 동그라미 두 개가 바위의 의미를 바꿔주었다.

청량산 주능선에 있는 수문장. 두꺼비 바위
청량산에 놀러 오세요~~

반짝이며 빛나던 두꺼비 눈이 차가운 눈보라와 바람, 세월의 때를 입어서일까, 조금씩 흐려지더니 이제는 많이 흐려졌다. 마치 서산으로 기우는 해를 바라보는 할아버지처럼 생기를 잃었다. 세상의 모든 것은 변한다. 그리고 사라진다. 젊은 날 아름다웠던 추억도, 사랑하는 연인의 애틋했던 눈빛도 흐려지고 옅어진다. 두꺼비 눈처럼… 삶의 이치를 거부하지 말고 받아들여야 편하다는 것을 몸으로 보여준다. 오랜만에 만난 두꺼비에게 반갑게 인사를 건넸다. 그리고 넓은 등에 메고 온 가방을 내려놓고 작업을 시작했다.

"두꺼비 눈 그리는 거예요?"
"아, 네!"
"예쁘게 그려주세요."
"하하… 네. 두 분 커플룩이 너무 잘 어울리시네요."
"고마워요."

쪼그려 앉아 부지런히 손을 놀리는 내게 누군가 말을 걸어왔다. 누구지? 궁금함에 고개를 들었다. 한껏 멋을 낸 중년의 연인, 초록색 줄무늬가 시원해 보이는 커플룩을 맞춰 입고 두 손을 꼭 잡았다. 빠르지 않은 걸음으로 걸어가는 뒷모습이 달맞이꽃처럼 수수하고 아름다워 보였다.

청량산은 늘 등산객들로 붐빈다. 이른 새벽부터 밤까지 끊임없이 사람들이 오르고, 주말에는 더 많은 사람들이 몰린다. 청량산을 찾는 사람들이 연수구민만은 아니겠지만 그리 유명한 산은 아니다. 그러기에 송도 신도시를 비롯한 인근 도심에서 온 등산객들이 주를 이룬다. 작업하는 나를 흘깃 쳐다보고 가는 사람들, 가던 길을 멈추고 한참을 쳐다보고 서 있는 사람들, 뭘 하는지 전혀 관심 없는 무심한 사람들. 다양한 사람들이 지나갔다.

"나도 지나다니면서 눈이 너무 흐리다고 생각은 했는데… 선명하게 그려줘서 고마워요."

약간 연세가 들어 보이는 등산객이 하산을 하다 말고 멈춰 서서 말씀하셨다.

"저, 실은 이 그림 그리면서 눈치 보였어요."
"아, 왜 눈치를 봐요? 진하게 그려주니까 좋구먼."
"자연 훼손한다고 싫어하시는 분이 계실까 봐 조심스럽더라고요."

내가 하는 행동에 대해 인정하고 칭찬해주는 분을 만나니 반가운 마음에 감춰두었던 속내를 털어놓았다.

"청량산 자주 오세요?"
"나는 오래됐죠. 고등학교 때부터 다녔으니까 한 40년 된 거 같아요."
"와, 정말 오래되셨네요."
"잘 그리고 가세요."

"네, 감사합니다. 안전한 산행하세요."

 삶은 순간의 합이다. 어떤 의미를 부여하느냐에 따라 달라진다. 산길에 덩그러니 앉아 있는 바위에 까만 눈 하나 그려줌으로써 차가운 돌덩이는 따뜻한 피가 흐르는 두꺼비가 되었다. 뒷발에 힘을 주면 곧 뜀박질을 할 수 있을 것처럼 건강해 보이기까지 했다. 막내딸이 5살 때였다. 청량산을 처음 온 막내가 두꺼비 바위를 보며 신기해했었다. 그 등에 앉아 사진을 찍으며 좋아한 것이 엊그제 같은데 벌써 12년이나 지났다.

 청량산 수문장 두꺼비의 흐릿한 눈을 보면서 내가 뭔가를 해야겠다는 생각은 한 번도 하지 않았다. '애초에 누군가 눈을 그려놨으니 또 다른 누군가가 선명하게 그려주겠지'라고도 생각하지 않았다. 내일이 아닌 양 그냥 무관심했다. 그런데 지난주 청계산에서 만난 등산객들을 보면서 생각이 바뀌었다.

 8월 첫째 주 토요일, 일출을 보고 싶다는 친구와 새벽 5시에 청계산을 오르기 시작했다. 청계산이 처음인 데다 너무 어두워서 들머리를 찾는 데도 한참을 헤맸다. 그리고 블로그에 올라온 사진에만 의지해서 낯선 산을 오르다 보니 제대로 가고 있는지 잘못 가고 있는지 판단이 서지 않았다. 그때 혈읍재에서 등산객 두 분을 만났다. 한 분은 머리가 희끗희끗한 60대 정도 되어 보였고 그 아저씨를 따라가며 헉헉거리는 다른 한 분은 50대 정도 되어 보였다.

이수봉을 찾는 우리에게 길을 안내해준 그분들은 주말마다 청계산을 오른다고 한다. 그날은 소나무 구간에 가서 꼭 할 일이 있다고 했다. 그 작업이 끝나고 맛있는 커피를 주겠다며 부지런히 앞장서 가셨다. 길을 모르던 친구와 나는 그분들을 놓치면 또 헤맬까 싶어 열심히 쫓아갔다. 이수봉을 지나니 그분들의 목적지인 소나무 구간이 나왔다. 60대 아저씨가 통나무 의자에 걸터앉더니 매직으로 뭔가를 열심히 쓰고 계셨다. '뭘 하시지?' 궁금하여 가까이 가보니 나무 의자에 희미하게 글씨가 보였다. '불가능은 없다.' 자세히 보아야 정확하게 읽을 수 있는 그 문장을 다시 쓰고 계셨다.

  그날 우리가 하산 길로 잡은 청계산 길 2구간은 들머리로 잡으면 시작부터 오르막이다. 계속되는 오르막을 힘겹게 올라온 어느 등산객이 그 자리에 와서 숨을 몰아쉬며 쓴 듯한 문장이었다. 얼마나 힘들었으면 저런 문장을 써놓았을까 생각하니 그 의지가 대단해 보였다. 그 문장의 주인공은 다시 청계산에 왔을까? 자기가 써놓은 문장이 세월 속으로 사라져가고 있는 걸 알고 있을까? 60대 아저씨는 그 문장이 지워지면 가능이 불가능으로 바뀌기라도 하는 듯 정성을 다하여 글자에 힘을 실어주었다.

  그 모습을 보고 나도 두꺼비에게 생명을 부여하고 싶었다. 보이지 않은 눈 때문에 마치 그 자리에 못 박혀 있는 듯한 두꺼비, 이제는 선명해진 눈으로 어디든 갈 수 있을 것 같다. 작은 생각을 실천했을 뿐인데 솜사탕을 받은 꼬마처럼 기분이 좋다.

　산은 햇살, 바람, 나무, 흙 그 어느 하나 해로울 것 없는 것들이 모여 몸과 마음에 찌든 고약한 것들을 치유해주는 공간이다. 산을 오르는 건 삶의 고통을 잊기 위해서가 아니고 이겨내기 위함이 아닐까? 고비를 넘어서면 행복이 온다는 믿음. 상처 나고 헝클어진 머릿결 같은 삶에 새살이 돋는다.

청량산 정상의 팔각정
시원한 바람에 근심은 날아가고 누구나 시인이 된다

서해 바다 낙조는 아름다워(청량산 Ⅱ)

"오늘 날씨가 좋네요. 저녁에 약속들 있나요?"

등산이라는 공통의 취미로 친해진 인숙이와 학무, 셋이서 만든 톡방에 메시지가 날아왔다. 학무는 미용실이 예약이 되어 못 간다기에 인숙이와 둘이 가기로 했다. 요 며칠 베란다 창 너머로 반쪽짜리 일몰을 즐겼는데 오늘은 온전히 즐길 수 있을 것 같아 기분이 좋아졌다.

인천 남동 국가 산업 단지에 있는 회사에서 자동차로 10분 거리에 있는 청량산은 인천 연수구 도심과 바닷가에 인접한 산이다. 172m의 아담하고 여성스러운 산으로 언제, 어느 때 올라도 편안하고 정겹다. 이 산은 연수구 일대와 송도 신도시를 한눈에 쉽게 조망할 수 있다. 또한 맑은 날에는 영종도와 인천 대교, 경기도 시흥시는 물론 시화호나 대부도까지 조망 가능하며 잠실의 롯데 타워도 선명하게 보인다. 등산화가 아니어도 가뿐히 오를 수 있으며, 정상에서 바라보는 풍경은 굉장히 멋지고 사이다처럼 청량하다. 특히 송도 신도시 야경은 홍콩의 밤 풍경을 뺨칠 만큼 화려하고 다채롭다. 인천공항에 들고 나는 비행기를 보며 먼 나라를 꿈꾸기에도 좋은 산이다.

오후 5시, 하루의 업무가 끝난 홀가분한 시간이다. 일몰에 대한 설렘을 안고 여성의 광장 쪽에서 등산을 시작했다.

인천대교 전망대에서 바라본 서해 바다 일몰
떨어지는 순간까지 붉게 타오르는 태양의 열정, 멋지다

능선을 따라 빠르게 올라 30분에 정상에 도착했다. 정상의 너른 바위에 앉아 석양을 보는 것도 좋다. 하지만 거침없이 탁 트인 바다

조망을 보고 싶었다. 팔각정을 돌아 인천 시립 박물관 방향으로 5분 거리에 인천 대교 전망 시설이 있다. 영화 '타이타닉' 뱃머리를 흉내 낸 전망대이기에, 우리는 그곳을 타이타닉이라고 부른다. 썸 타는 연인들처럼 아슬아슬하지만 인생 숏을 찍기 좋은 포토존이다. 그리고 서해 바다의 낙조와 시원스럽게 뻗은 인천 대교가 훤히 보이는 이곳은 해 지는 모습을 보기에 최고의 명소다.

"오늘 날씨가 너무 좋아 일몰이 아주 멋질 것 같아."
"그래, 정말 기대된다."

잔잔한 물결을 바라보며 태양의 동선을 주시하던 우리의 얼굴과 하늘을 붉게 물들이며 해가 진다. 지구의 저 깊은 곳으로 은밀하게 들어가는 해는 지나온 시간에 대해 아무런 미련도, 후회도 없는 듯하다. 천천히 아니 어느 순간 빠르게 자신만의 케렌시아로 몸을 숨겼다. 툭 떨어져 홀가분한 모습으로, 그렇게 사라졌다. 태양이 순하게 낯빛을 바꾸는 사이, 그 틈을 타고 맞은편 하늘에서 달이 제빛을 발한다. 날개옷을 입은 선녀가 구름을 밟고 사뿐사뿐 걸어올 것만 같은 하늘이다. 저녁은 그렇게 유채색에서 무채색으로 변해갔다.

하루치의 고단함에 젖은 몸과 마음을 이끌고 사람들은 자신들의 울타리 안으로 들어갔고 도심의 빌딩 숲에선 꼬마전구들이 경쟁하듯 불을 밝혔다. 이제는 거북 등처럼 딱딱한 겉옷을 벗고 나비 날개처럼 부드러운 옷으로 바꿔 입을 시간이다. 그리고 지친 날개를 접을 때다.

타박타박 걷는 우리보다 한 걸음 앞서 걷던 달빛은 초롱초롱한 눈빛으로 신발코를 비춘다. 환한 달빛과 시원한 바람, 저마다의 소리로 수다를 떠는 풀벌레들과 함께 산은 어둠의 품으로 걸어 들어간다. 안온하다.

쑥 뜯으러 갔다가 신발 밑창이 뜯겼네(문학산)

 쓰지 않는 물건을 잘 버리는 사람이 있는가 하면 잘 버리지 못하는 사람도 있다. 후자에 속하는 내가 얼마 신지 않았다는 이유로 버리지 못한 등산화 때문에 배꼽 빠지도록 웃었던 산행이 있었다.

 "은정아, 너는 이 신발 신어. 내가 갖고 있는 등산화 중에서 제일 작은 신발이야."
 "나는 이 까만 운동화 신을래."
 "미숙아, 검은 봉지랑 칼 챙겼어?"
 "응, 챙겼어."

 4월 9일. 막바지 벚꽃이 눈부시게 피어 바람에 흩날리는 금요일이었다. 전업주부인 은정이가 너무 심심하다고 놀자고 연락이 왔다. 부천 사는 지민 언니와 나는 반나절 휴가를 내고 우리는 점심을 먹으러 영종으로 갔다. 유명 쌈밥 집에서 식사를 하고, 마시랑 해변의 베이커리 카페에서 빵과 커피도 마셨다. 갈매기 소리와 반짝이는 윤슬을 보면서 맘껏 수다도 떨고 느긋하게 즐기고 싶었지만 내가 선약이 있었다.

언제 달려도 속이 뻥 뚫릴 것 같은 인천대교를 지나 집으로 돌아오는 길이었다.

문학산 정상
사방이 탁 트여 옹졸했던 마음마저 넓어지게 한다

"언니, 쑥국 먹고 싶어. 쑥 뜨으러 가자."
"미숙아, 쑥 뜰을 곳 있어?"
"그러게 어디가 좋을까. 문학산 가볼까?"
"산에 쑥이 있다고?"

자동차 공해와 반려견들의 배설물이 없는 곳, 사랑하는 가족들 식탁에 마음 놓고 올릴 수 있는 쑥을 뜰을 수 있는 곳이 어디일까? 한참을 생각해보니 문학산이 생각났다.

문학산은 인천 미추홀구와 연수구를 경계로 하는 산이며, 해발 217m에 이른다. 생활주거지와 인접해 있어 마실 가듯 오를 수 있으며, 정상에 오르면 서울의 남산과 인왕산, 북한산까지 보인다. 산 정상은 군부대가 주둔한다는 이유로 통제되다가 2015년 일반 시민에게 개방되었다. 50년간 사람의 발길이 닿지 않은 채 보존된 자연 그대로의 모습은 인천의 산소와 같은 역할을 담당하고 있다. 예부터 산이 주는 이로운 것 중 하나가 먹거리를 제공한다는 것인데 문학산도 그렇다. 개암나무 열매, 뽕나무 오디, 산딸기 등 먹거리가 풍부하며, 정상으로 오르는 길의 비탈엔 쑥도 제법 많다.

인천 지하철 3번 출구 법주사 입구에서 시작되는 등산로는 초입부터 심한 깔딱 고개다. 지금도 헉헉거리며 오르지만 등린이 시절엔 한 번에 오르지 못하고 쉬었다 가곤 했다.

"언니, 이 등산화 발 아파."
"그래? 그럼 나랑 바꿔 신자. 네가 이 검정 운동화 신어."

선학역 3번 출구 법주사에서 시작된 문학산 입구
깔딱 고개로 시작하면 어때? 천천히 오르다 보면 정상인걸…

투덜이 스머프처럼 구시렁거리며 따라오던 은정이가 발이 아프다고 호소했다. 배려심 많은 지민 언니는 은정이를 위해 기꺼이 신발을 바꿔 신고 다시 산을 올랐다.

첫 번째 깔딱 고개를 올라서면 경사가 그리 급하지 않은 평지 수준의 산길이 이어진다. 그 편안한 길에서 언니는 계속 뒤처져오고 있다. 한동안 산을 잘 다니다가 지금은 운동을 하지 않는 모양이다.

"은정아, 누가 내 뒤를 자꾸 따라와."

"뭐? 누가?"
"철퍼덕철퍼덕 신발 소리가 자꾸 들려."
"언니 왜 그래, 무섭게. 아무도 없구먼."

 시간은 벌써 4시를 지나고 있고 우리 말고는 다른 등산객들이 없었다. 뒤를 아무리 쳐다보아도 사람은 보이지 않는데 언니는 무슨 소리를 들은 걸까? 언니의 그 말은 우리를 긴장하게 하고 겁먹게 했다.

"은정아, 이거 봐, 이거…."
"뭐?"
"이것 좀 보라고, 이 신발 깔창!"

 두 번째 깔딱 고개가 시작되는 지점에서 언니가 박장대소를 하며 자지러졌다. 은정이랑 바꿔 신은 등산화 바닥이 앞 코만 살짝 붙어 있고 너덜너덜 떨어지기 일보 직전이었다.

"언니, 그거 뜯어버려. 왜 달고 다니는 거야, 불편하게…."
"야, 미숙아. 너 이 신발 언제 산 거야? 신발이 도대체 왜 이러는 거냐고?"
"아니, 아까 집에서는 멀쩡하더니 왜 이래. 언니 미안해. 정말 미안해."
"언니, 미안해. 나랑 다시 바꿔 신자."

"됐어. 다리 아픈 은정이보다 내가 힘든 게 낫지. 그냥 가!"

아이들 어렸을 때, 답답한 마음에 등산을 하겠다고 마음먹고 준비한 첫 번째 신발이다. 지금 신으면 발이 꽉 끼여 많이 불편하지만 젊었을 때는 날씬해서 발도 작았나 보다. 그때는 세 아이의 독박 육아와 직장 생활로 마음만큼 산을 타지도 못했다. 그래서 이사 때마다 신발장을 바꿔가며 현관을 지켜주던 터줏대감 같은 신발이다.

"이것들이 노인네 공경할 줄은 모르고 아주 죽으라고 고사를 지내요, 고사를…."
"언니, 정말 미안해. 나랑 바꿔 신자, 제발…."
"됐다고, 어쩐지 내가 저 검정 운동화 신고 오고 싶더라."

지민언니와 은정이는 아이들 유치원 보내면서 알게 된 오랜 이웃들이다. 20년을 같이 보내면서 정말 많은 일들이 있었다. 웃고 우는 시간 동안 정이 들어 이제는 얼굴만 봐도 많은 걸 알 수 있을 정도로 친숙하다. 우리는 만나면 즐겁다. 사춘기 소녀도 아니면서 반백의 나이에 나뭇잎 굴러가는 것만 봐도 깔깔거리며 웃는다. 그러기에 언니가 하는 말이 진심이 아닌 줄도 알고, 농을 섞어 웃으면서 말하지만 너무 알뜰한 나에게 일침을 가하는 소리인지도 안다. 그날 언니가 신은 등산화는 결국 양쪽 다 바닥을 뜯어버려야 했다.

지민 언니와 은정이에게 진심으로 미안하고 뭐라 할 말이 없었다. 그리고 나에게 화가 나기도 했다. 그 등산화 아니어도 몇 켤레 더 있었는데 왜 하필 그 신발을 신으라고 주었을까? 은정이 발이 작아서 되도록 덜 헐떡거리는 신발로 골라준 것이었다. 겉보기에 너무 멀쩡해서 고무가 삭았을 거라고는 꿈에도 생각지 못했다. 내가 먼저 신어보고 줄걸… 세심하게 배려하지 못해 고생시킨 걸 생각하니 쥐구멍이라도 찾고 싶은 심정이었다. 그럼에도 웃음으로 흘려보낸 그들에게 정말 감사했다.

등산뿐 아니라 매사에 준비를 철저히 하고 사고에 대비하는 습관은 꼭 필요한 것 같다. 특히 등산은 아무리 작고 가까운 산이라도 더 철저히 준비해야 한다. 어떤 위험 요소가 복병처럼 숨어 있을지 아무도 알 수가 없기 때문이다. 지난 시간을 돌아보며 글을 쓰고 있는 지금 생각해도 아찔했던 그날 사고 없이 내려와준 것에 감사하다.

산을 몇 개나 탄다고?(녹색 종주 길)

　만물에는 앞서갈 때와 따라갈 때가 있고, 천천히 숨 쉴 때와 급히 숨 쉴 때가 있으며, 무성할 때와 시들 때가 있고 일어날 때와 누울 때가 있다고 옛 성현들은 말한다. 2월 13일. 지금은 새로운 계절을 맞이하기 위해 가장 에너지 넘치는 산으로 가야 할 때다. 예전에 산악회 활동을 하면서 만났던 친구들과 인천 녹색 종주 길의 반종주를 하기로 했다.

　인천 녹색 종주 길은 계양산을 시작으로 천마산, 원적산, 함봉산, 만월산, 만수산, 거마산, 소래산까지의 한남 정맥 한 줄기와 상아산, 관모산, 오봉산, 문학산, 청량산, 봉재산으로 이어지는 녹지축이 도심 한가운데를 관통한다. 도심을 따라 52km에 이르는 S자 녹지축은 다시 송도 달빛 공원과 해돋이 공원, 센트럴 파크, 32호 공원, 솔찬 공원 앞바다까지의 길을 만나 '인천 녹색 종주 길'이 완성된다. 도심을 가로지르는 푸른 축복이다. 그 길은 9개 코스로 나뉘어 있는

데 그중 1~3코스를 걷기로 했다. 1코스는 2.7km로 연무정 - 계양산 - 경명대로(징매이 고개 생태 통로)까지 2시간 정도 소요되며, 2코스는 4.5km로 경명대로 - 256기봉 - 천마산 - 서인천 IC까지 3시간 소요된다. 3코스는 7.1km로 서인천 IC - 원적산 - 구루지 고개 - 백운 공원 - 백운역까지 4.5시간 소요된다. 총 14.3km이다.

  등산을 시작하고 얼마 되지 않았을 때 큰 산을 다니는 사람들은 이해가 됐지만, 종주나 반종주를 하는 사람들은 이해하지 못했다. 몇 개의 산을 연계한다는 게 쉽지 않은 일이며 '그렇게까지 힘들게 운동을 해야 하나?'라는 생각이 들었기 때문이다. 특히 종주나 반종주는 여름밤을 이용하여 완주하는 사람들도 있었다. 극기 훈련에 가까운 그들의 산행은 더더구나 이해할 수가 없었다. 그러나 이제는 그들이 충분히 이해가 된다. 나 역시 작은 산 하나로는 만족하지 못하고 연계 산행을 하고 있기 때문이다.

  계양산 연무정에서 오전 8시에 만나기로 했다. 집에서 계양역까지 족히 40분은 걸리는데 눈을 떠보니 6시 40분을 지나고 있었다. 어젯밤 늦게 잤더니 알람 소리를 듣지 못했다. 전철 안에서 몸은 앉아 있지만, 마음은 고무 탄 내가 날 정도로 달리고 있었다. 나도 약속 시간보다 먼저 가서 기다리는 편이지만, 같이 산행을 약속한 두 친구는 나보다 한 술 더 떠서 30분 전에 도착하는 친구들이다. 정초부터 지각하여 약속에 둔감한 친구라는 오명을 남기고 싶지 않았다.

"미숙아, 어디까지 왔니?"
"응, 이제 전철에서 내려서 올라가고 있어."
"그럼 연무정 가기 전 편의점으로 와."
"간단하게 요기하고 가자."

다행히 약속 시간에 늦지 않게 도착하였다. 먼저 도착한 친구들도 식사를 하지 않은 상태였고 우리는 참치김치김밥을 데워 맛있게 먹었다. 그리고 간식으로 먹을 곡주 한 병을 준비하는 것도 잊지 않았다. 편의점은 말 그대로 우리 생활에 편리함을 주는 곳이다. 얼마 전 뉴스에서 들은 소식은 정말 놀라웠다. 음료와 주류, 도시락 등 간편식 위주로 판매를 하던 편의점이 고가의 아파트까지 판매를 한다는 것이다. 편의점에서 판매하는 제품의 한계는 어디까지 일까?

8시 20분, 계양산 연무정에서 산행을 시작했다. 돌계단으로 시작되는 이 길은 청사초롱 길이라 한다. 그 옛날 얼마나 예쁘고 화려했으면 그런 이름으로 남았을까 자못 궁금했다.

인천시 계양구 계산동에 위치한 계양산은 강화도를 제외한 인천광역시에서 가장 높은 산이다. 진달래가 계양구를 상징하는 꽃으로 이 산에는 유난히 진달래가 많다. 특히 팔각정 부근에는 무리 지어 피어 아름다움을 뽐낸다. 정상에 오르면 사방 막힘이 없고 서쪽으로 영종도, 강화도 등 주변 섬들이 한눈에 들어오며, 동쪽으로는 김포공항을 비롯한 서울 시내 전경이 자리를 잡고 있다. 북쪽으로는 고양 시가지가, 남쪽으로는 인천 시내가 펼쳐진다.

주 능선 등산로는 나무 그늘 없이 계단만 계속되기에 여름 산행에는 적합하지 않다. 작년 4월 코로나의 피로를 풀기 위해 20년 가까이 만나온 모임에서 계양산 등산을 했었다. 인천 학익동에서 만난 친구들인데 지금은 서울과 부천에 살고 있으며, 등산을 잘 하지 않는 친구들로 구성된 모임이다. 계양산을 올라본 사람은 나밖에 없었기에, 산악회 회원들과 두어 번 다녀온 기억을 더듬어 산행을 안내했다.

계양산 정상석
정상에서 느끼는 감정들… 올라본 사람만 알 수 있다

무릎 십자 인대가 파열된 친구도 있었는데 주 능선 길로 안내하여 원점 회귀를 했으니… 지금 생각해도 친구에게 미안하다. 차라리 모른다고 했으면 물어가면서 둘레 길로 다녀왔을 텐데 아는 척을 한 나의 행동이 부끄럽다.

  바람막이 잠바 안에 입은 플리스를 벗어도 될 정도로 포근한데 미세 먼지가 하늘을 뒤덮어 온통 뿌옇다. 맑은 날보다 미세 먼지가 심한 날이 더 많아지고 있는 요즘, 하늘을 뒤덮은 먼지만큼이나 가슴이 답답하고 숨이 막힌다. 코로나 바이러스 차단을 위해 쓰게 된 마스크가 있어 오히려 감사했다.

  계속되는 오름과 계단은 여간 고단한 게 아니다. 묵직해진 다리가 쉬어 가길 간절히 원할 때 정상에 도착했다. 포근한 날씨 덕에 많은 등산객들이 있었다. 계양산 정상에는 인터넷 강국답게 거대한 통신탑이 자리 잡고 있다. 하늘을 찌를 듯 뾰족한 탑은 계양산의 상징 같은 존재로 멀리서도 잘 보인다. 친구가 준비한 따뜻한 커피와 수분을 듬뿍 머금은 배를 간식으로 먹고 중구봉으로 향했다.

  2코스 들머리이자 1코스 날머리인 징매이 고개 생태 통로는, 계양산과 천마산의 녹지축을 연결하며 야생 동식물의 이동을 돕고 서식처 역할을 제공한다. 아주 가끔이지만 도로 한가운데서 로드킬당한 동물의 사체를 본 적이 있다. 등이 오싹하고 소름이 끼쳐 차마 볼 수가 없다. 산과 산을 연결하는 생태 통로가 동물들의 생명을 지켜주고 인간과 자연을 연결해주는 통로 역할을 하고 있다. 모든 생명은 소중하며 보호받아 마땅하다.

중구봉 정상석
또 하나의 산을 넘었네, 참 기특하고 대견스럽다

계양산은 등산객이 많아 거리 두기에 대한 부담이 큰 산인데 중구봉은 등산객이 현저히 줄어 한가롭고 편하게 오를 수 있었다. 돌아보니 우리가 지나온 계양산이 아득하게 보였다. 내가 저 산을 넘어왔나 싶을 정도로 멀리 있다. 건강함을 물려주신 부모님과 관리를 잘하고 있는 내게 감사함을 전한다. 그리고 앞으로도 잘 관리하여 건강을 유지하며 살아야겠다는 작은 다짐도 해본다.

중구봉 망개는 유난히 크고 통통하다. 지난가을 붉어져 흰 눈 속에서도 선명한 빛을 유지하고 있었다. 맑은 공기와 산새들의 노랫소리에 저렇게 토실토실 살이 올랐나 보다. 길 가는 산객의 발길을 멈추게 한 작은 생명, 산은 무수히 많은 생명들을 길러내고 양육하는 생명의 보고이며 천혜의 자원이다.

뿌옇게 흐렸던 하늘은 시간이 지나면서 조금씩 맑아지고 있는데 갈 길이 멀다고 생각하는 내 마음은 흐려지고 있다. 가야 할 길이 멀 때는 목표 지점을 보아선 안 된다. 출발하기도 전에 지쳐버리기 때문이다. 작지만 5~6개의 산을 오르내리는 종주 길에 서서는 더욱더 그렇다. 저 멀리 보이는 천마산 정상의 팔각정. '언제나 저곳에 닿을 수 있을까'라는 생각과 함께 지나온 길을 돌아보며 다시 힘을 내어본다.

천마산(287.2m)을 찾는 이가 별로 없어서일까? 다른 산들의 정상석에 비해 굉장히 초라하고 볼품이 없다. 산들은 모두 저마다의 아름다움과 매력을 지녔는데 크고 유명한 것들에 밀려 작다고 인정받지 못하는 것 같아 애잔한 마음이 들었다. 혼자 오신 60대쯤 되어 보이는 아저씨가 정상석에 핸드폰을 올려놓고 기념사진을 찍고 계셨다. 지지대가 든든하지 않은지 폰이 자꾸만 떨어진다. 오지랖 넓은 마음에 그냥 지나치지 못하고, 도움을 요청하지 않았지만 사진 몇 컷을 찍어드렸다. 고맙다는 말 한마디에 기분이 좋아져 미소로 답했다. 정자 밑 그늘에 앉아 친구 어머니가 달인 식혜로 땀도 식히고 에너지도 보충하고 다시 길을 나섰다.

  호젓한 산길에서 만나는 햇살 한 줌과 새들의 노랫소리는 그 어떤 유명 오케스트라의 연주에 비교해도 뒤지지 않을 만큼 아름답다. 모나고 어두운 마음을 어루만져주고 위로해준다. 능선을 따라 걷는 비교적 편안한 산길, 인천 서구 연희동의 아시아드 주경기장은 미세먼지에 덮여 희미하게 모습을 보이고 있다. 낙후된 서구가 발전되어 가고 있음을 보여주는 아파트들과 주택들이 바쁜 현대인들의 일상처럼 꽉 채워져 있다.

  8시 20분에 연무정에서 시작된 종주 길은 11시에 중구봉을 거쳐 천마산으로 내려왔다. 등력이 좋은 친구들과 함께한 산행에 멋모르고 따라나선 내가 반종주의 절반을 마치고 나니 뿌듯함과 성취감이 몰려온다. 이제는 열심히 운동한 우리들에게 달콤한 보상을 할 시간이다. 출발 전 편의점에서 샀던 곡주 한 잔에, 나주가 시댁인 친구가 싸 온 두부김치와 싱싱한 굴이다. 쥐눈이콩을 갈아 만든 두부는 눈으로 보아도 단단하고 건강해 보였다. 어머니가 농사지은 배추로 담근 아삭아삭한 김치는 자식 사랑이 넘치는 어머니의 마음이 고스란히 느껴졌다.

천마산 정상석
정상석이 초라하다고 산이 초라하진 않아, 올라봐

 3코스 시작점인 루원교를 건넜다. 루원교가 있는 서구 가정동은 내가 20년 전 살았던 신현동과 이웃한 동네다. 광주광역시에서 신혼생활을 하다가 모든 것을 잃고 다시 찾아온 제2의 고향 같은 곳이다. 그때의 흔적을 찾아보지만, 그 시절 좁은 도로와 낡은 주택들은 보이지 않았다. 성실히 살아온 시간이 구멍 난 가정 경제를 메워주었듯이 도시는 발전에 발전을 거듭하여 새로운 도시로 탄생하였다.

1, 2코스를 무사히 마친 우리에게 오늘 일정의 마지막인 3코스가 남아 있다. 이미 충분한 거리를 걸었고, 한 발 떼기도 힘든 다리는 모래주머니를 차고 있는 것처럼 무거워졌다. 그렇기에 마지막 코스인 원적산과 호봉산이 가장 힘들다.

　운동이든 일이든 무엇이든 잘하고 싶다는 생각만으로는 절대 아무것도 이룰 수 없다. 산을 잘 타고 싶다면 산을 향해 한 발을 내딛어야 한다. 그 한 발을 멈추지 않을 때 등력이 오르고 높은 산도 오를 수 있다. 물론 산은 오를 때마다 숨이 턱까지 차오르고 날마다 올라도 힘들다. 하지만 지속적으로 등산을 했을 때 내 몸의 피로 회복이 엄청 빨라지는 걸 느낄 수 있다. 반복과 꾸준함은 어떤 것이든 잘할 수 있는 최고의 비법이자 최선의 방법이다.

　원적산(165m)은 서구와 부평구 사이에 남북으로 길게 뻗어 있는 산으로 인근의 주민들이 많이 찾는 산이다. 산을 내려와 곶감을 먹으며 잠시 한숨 돌렸다. 살짝 언 곶감만큼이나 달콤한 휴식 시간이었다. 하지만 신발 속 발가락은 화끈거림과 함께 불편함이 느껴지기 시작했다. 이제 목적지가 머지않았으니 마지막으로 힘을 내어야 할 때이다.

　"오빠, 길이 질퍽거려. 이제 산에 못 오겠어요."
　"현희야, 길이 문제가 아니야, 다리가 문제야. 다리가 아파서 못

오겠어."

 한기가 서린 바람이 마지막 힘을 쏟아붓지만, 온기를 품은 햇살에 이내 밀려나고 만다. 묵직한 계절도 시간 앞에선 속수무책이다. 겨우내 얼었던 땅이 녹아 질퍽질퍽했다. 발밑에 붙어 따라온 흙이 무거운 다리를 더 무겁게 했다. 한껏 엄살을 떠는 친구를 보면서 한바탕 웃었다.

 산뜻한 노란색의 열우물 비타민 길이라는 예쁜 표지판이 눈에 확 들어왔다. 그 표지판을 따라가다 보면 신선한 에너지가 충전될 것 같고 몸으로 비타민을 먹은 듯 상쾌해질 것 같다. 꽃이 피고 나비가 날아다녀 심심하지 않을 4월에 하루쯤 비타민 길만 걸어도 좋을 듯하다.

 용포 약수터에 도착하여 인천의 녹색 허파 길을 따라 나선 봄 마중이 끝났다. 혹독한 계절도, 선선한 시간도 견뎌낼 수 있는 건 끝내 봄이 찾아온다는 굳건한 믿음 때문이 아닐까. 어쩌면 아직 겨울에 머물러 있는 우리의 마음, 얼어붙은 마음을 녹이며 따뜻한 위로를 건네는 봄이 곁에 와 있다.

경기도

억새에게 배운다(명성산 Ⅰ)

"은빛 고운 자태를 뽐내는 억새보다 짙푸른 청억새가 보고 싶어."

나를 산으로 이끌어준 친구 인숙이가 말했다. 그녀는 가을의 붉은 단풍도 좋아하지만, 여름의 초록을 더 사랑한다. 20대 찬란한 젊음을 그리워하는 걸까. 나도 때론 성숙한 무르익음보다 생기 가득 머금은 초록 잎이 더 좋을 때가 있다. 이 마음 같아선 울산의 영남 알프스를 다녀오고 싶지만 거리가 멀어 선뜻 나서지 못한다. 그 아쉬움을 달래기 위해 수도권에서 가까운 억새 군락지이며, 암봉이 장관인 명성산을 다녀왔다.

9월 5일, 쉬이 떠나지 못하는 여름과 그 발길을 재촉하는 이른 가을이 공존하는 아름다운 날이다. 새벽 5시에 어둠을 깨우며 여린 억새의 손길이 기다리는 산으로 향한다. 이 길은 인숙이와 이제 막 등산을 사랑하기 시작한 학무가 함께한다. 인천 지하철 동막역에서 산

정호수 상동 주차장까지 1시간 40분 정도 소요된다. 낮이면 꽉 막힌 목구멍처럼 컥컥거리는 장수 IC를 지체 없이 통과하고, 거침없이 달리는 차창 밖으로 보이는 일출을 감상했다. 떠오르는 아침 해와 붉게 물드는 하늘, 그 시간 속 고요한 숨소리와 아늑한 공간, 이처럼 일상에서 늘 반복되는 것들, 당연하다고 생각되는 것들이 새삼 감사로 다가오는 순간임을 느끼는 사이 주차장에 도착했다. 차들이 빠져나간 넓은 주차장을 뒹구는 마른 낙엽 하나가 곧 깊어질 가을의 스산함을 앞당겨 보여주는 듯하다. 미처 준비하지 못하고 만난 가을에 놀라 어깨를 움츠리며 옷깃을 여미었다.

"와, 추워."
"벌써 춥다는 소리가 나오네."

4코스: 중급, 9km, 5시간. 상동 주차장 – 비선 폭포 – 등룡 폭포 – 팔각정 – 삼각봉 – 명성산 - 산안 고개

주차장에 있는 명성산 종합 안내도에는 억새 군락지 팔각정까지 오르는 3개 코스와 명성산 정상을 오르는 1개 코스를 안내해주고 있다. 우리는 억새 군락지에서 사진 찍을 시간을 넉넉히 잡고, 학무의 등력(登力)을 감안하여 하산까지 6시간을 예상했다.

계절의 흐름을 느끼기에 제일 좋은 것은 역시 산이다. 오늘의 산

은 우리에게 어떤 모습을 보여줄지 기대와 설렘을 안고 신발 끈을 조여본다. 주차장에서 매표소 방향으로 내려와 우측의 상가 밀집 지역이 있는데, 그 골목으로 들어가면 명성산과 억새 군락지를 오르는 등산로가 있다. 이른 시간 가게들은 문이 굳게 닫혀 있고 조용하다. 곱게 가꿔놓은 화단에는 처음 보는 특이한 꽃들이 참 많다. '이러다 산에 갈 수 있을까?' 싶을 정도로 꽃의 매력에 흠뻑 빠져 발걸음이 쉽게 떨어지지 않는다.

 가볍게 10분쯤 걸었을까, 책 바위와 억새밭 코스의 갈림길이 나왔다. 책 바위 코스가 경치는 좋지만, 쉽지 않다는 말이 있어 우리는 억새밭 코스를 선택했다.

 가을장마로 불어난 물은 아래로 흐르며 겸손을 노래하고, 호젓한 산길을 오르며 우리는 비상을 꿈꾼다. 다른 계곡의 물들과 달리 쌀뜨물처럼 뿌연 물빛은 신비로움을 더한다. 의술이 발전하지 않았던 시절 이 물에 몸을 담그면 종기나 부스럼이 낫지 않았을까 하는 상상을 해본다.

 맑은 물소리는 탁한 도시의 소음들을 몰아내고 처마 끝 풍경 소리처럼 청아하게 들린다. 신선한 공기는 자동차들이 내뱉은 검은 기운을 몰아내고 상처 난 나의 폐를 가득 채운다. 산을 다니면서 몸의 근육만 늘어난 것이 아니다. 작은 꽃 한 송이에도 감탄하고 바람

한 점에도 소리를 지른다. 수많은 감정을 다 표현할 길이 없어 마냥 "좋다, 좋아"를 숨 쉬듯 뱉는다. 그렇게 30분쯤 걸으니 등룡 폭포가 나온다. 기암절벽의 폭포가 장관을 이루는데 용이 이 폭포수의 물안개를 따라 승천하였다는 전설이 내려오고 있으며 이중 폭포, 쌍용 폭포라고 부르기도 한다. 떨어지는 물줄기가 세상 모든 소리를 삼키고 속까지 시원하게 해준다.

명성산 억새 평원
바람결에 춤추는 억새를 보며 내 마음도 춤을 춘다

등산로 초입은 커다란 돌들이 불룩한 배를 고스란히 드러내며 누워 있는 너덜길이다. 그러나 고도를 높이면서 작은 돌들로 모양이 바뀌었다. 돌다리를 건너던 어릴 적 추억을 생각하며 발바닥에 힘을 주어 퐁퐁 뛰어본다. 엄마 앞에서 마냥 어린 딸처럼 응석을 부리듯, 거대한 자연 속에서 나는 맑고 순순한 동심이 된다.

"어머, 이 꽃 너무 이쁘다. 이름이 뭐야?"
"척척박사 네이버에게 물어봐. 친절하게 알려줄 거야."

좁은 산길에 풋풋한 얼굴로 등산객을 맞이하는 꽃들이 한가득 피어 있다. 숲에서 흔하게 볼 수 있는 미국쑥부쟁이다. 해님을 향해 하얀 미소를 짓고 있다. 수줍은 그 얼굴이 사랑스러워 해님도 눈을 떼지 못한다. 우리도 그 작은 생명을 한참 동안 바라보았다. 그리고 눈에 머문 모습을 마음에 담고, 잊히지 않도록 카메라에 담았다.

억새밭을 0.7km 남겨두고 마지막 오름이 시작된다. 무성한 수풀 사이에 하나둘 피어난 억새들이 평원이 머지않았음을 알려준다. 묵직함으로 달려갈 수 없는 몸은 허리를 세우는 산의 높이만큼이나 급해지고, 너른 평원의 억새 군락지를 빨리 보고 싶은 마음만 간절해진다.

"안녕하세요. 부지런하시네요!"
"네, 감사합니다. 안산하세요!"

억새평원의 포토존
인생 숏을 찍기 가장 좋은 장소는? 여기

　내 키만 한 배낭을 지고 내려오는 한 무리의 백패커들을 만났다. 좁다란 산길에서 웃으며 길을 비켜주고, 서로의 안전을 빌어주는 등산객들의 신사다운 매너는 기분이 좋아지게 한다. 산에 다니면서 배낭의 크기만 커지는 것이 아니라 마음의 그릇도 커지는 것 같다. 다른 사람을 배려하고 챙기게 되는 것, 마음의 용량이 커진다는 건 어쩌면 이런 말이 아닐까. 마음에 쌓인 고민과 걱정을 훌훌 털어버리고 나면, 곁에 있는 사람들을 돌아볼 여유와 배려가 생긴다는 것. 그 마음의 자리를 넓히는 데 자연만큼 좋은 것도 없다.

　다른 산들에 비해 백패커들이 많은 이유를 억새바람길에 도착해서 알게 되었다. 그것은 바로 억새풀 사이에 잘 놓인 나무 데크 때문이었다. 몇 년 전 이 산에 왔을 때는 억새 사이로 난 구불구불한 흙길을 걸었다. 억새 명산이라는 유명세를 치르면서 많은 사람이 찾다 보니, 사람과 억새를 보호하기 위하여 놓아진 것이 아닐까 추측해본다. 깔끔한 데크 길도 좋지만, 흙먼지 풀풀 나는 길이 더 정겹게 느껴지고 그리운 건 나 혼자만의 생각일까.

  3.3km의 거리를 서로의 보폭대로 앞서거니 뒤서거니 하며 걷다 보니 어느덧 억새 평원에 도착했다. 사대부 집의 솟을대문처럼 우뚝 서 있는 '억새바람길'이라는 글씨가 가을바람처럼 시원스러워 보였다. 산등성을 향해 펼쳐진 너른 언덕에 가을의 시작을 알리는 억새들이 군락을 이루고 있다. 아래서부터 불어오는 바람을 따라 하늘거리며 춤추는 억새들은 머리칼을 늘어뜨리며 모든 걸 자연에 맡기고 순응하고 있다. 여리디여린 억새들이 강한 비바람에도 꺾이지 않고 살아남을 수 있는 비법은 무엇일까? 아마도 나를 고집하지 않는 유연함 때문이리라.

  억새 평원은 바다를 연상케 한다. 물결 위에 바람이 일고 그 바람을 타고 파도가 친다. 깊이를 알 수 없는 물속에서 무수히 많은 생명을 생육하는 바다처럼, 빼곡히 들어선 억새풀 사이에 소중한 뭇 생명이 살아가고 있다. 크고 작은 소리를 내면서 존재를 알리고 소통하는 모습은 경이로움 자체이다.

우리보다 먼저 온 많지 않은 등산객들은 삼삼오오 모여 사진을 찍고 이야기꽃을 피우고 있다. 웃음소리가 끊이지 않는다. 각자의 자리에서 서로 다른 삶을 살다 왔지만 자연 속에서 모두 한목소리를 낸다. '멋있다. 정말 멋있다.'

바람 따라 데크 길 따라 천천히 평원을 누빈다. 명상에 심취한 구도자처럼 몸도 마음도 고요해진다. 세속의 찌든 삶에 비틀거리던 모습들도 온데간데없이 사라지고 그저 자연과 하나가 된다.

예부터 유명한 산은 사찰 하나 품고 있기 마련이고 사연 섞인 옛이야기가 전설처럼 이어져 내려온다. 이곳은 암벽을 풍경 삼은 자인사를 품고 있으며, 고려 태조 왕건에게 쫓겨 이 산으로 들어온 궁예의 한이 서려 있어 울음산이라 불렸다고 한다. 지금도 억새 평원의 어느 깊은 샘에는 마르지 않은 궁예의 눈물이 대지를 촉촉이 적시고 있다. 이 궁예 약수터를 지나 억새 군락지가 한눈에 내려다보이는 팔각정에 오른다. 그리고 눈을 지그시 감는다. 사락사락한 억새들이 내게 속삭인다. 빳빳이 허리 세우고 목에 힘주고 사는 삶보다 때론 휘어지며 흔들리는 삶이 편안하고 행복할 수 있다고.

경계를 넘어(명성산 II)

　과거 사람들은 인간이 새처럼 날 수 있을 것이라고 상상했다. 그 상상력이 날개를 달아 탄생한 것이 조지 케일리의 글라이더였다. 그 글라이더는 1853년 최초로 사람을 태운 비행에 성공한다. 그리고 반세기 후 라이트 형제에 의해 석유 엔진이 달린 비행기가 만들어졌다. 결국 인간의 상상은 현실이 되어, 오늘날 하늘을 마음껏 날 수 있게 되었다.

　사람들은 왜 하늘을 날고 싶어 했을까? 높은 곳에서 세상을 내려다보며 자유롭고 싶었던 사람들 마음속에는 정상에 오르고 싶은 본능이 숨어 있지 않았을까. 산을 타는 사람이라면 누구나 정상에 오르고 싶어 한다. 발아래 펼쳐진 멋진 풍광에 취해 크게 심호흡하는 것, 그것이 진정 산객들이 원하는 것이 아닐까.

　명성산은 921.98m로 그리 낮은 산이 아니다. 큰 산을 오른 경험이 많지 않은 학무가 오르기에 버거울 수 있다. 억새 군락지만 둘러보고 하산할 거라 생각하고 가벼운 등산복 차림으로 나섰다. 하지만 웅장하게 뻗은 산줄기와 다투듯 푸르름을 뽐내는 산과 물, 오랜 시간 자연이 빚어놓은 풍경을 두고 돌아간다는 건 쉽지 않은 일이다. 암릉과 장쾌한 풍광을 만나러 가자는 인숙이의 제안이 없었다면 못내 아쉬웠을 것이다.

억새 군락지까지는 약간 힘들지만 산책하듯 오를 수 있는 코스다. 하지만 팔각정에서 삼각봉을 지나 정상까지는 만만치 않다. 그래서일까. 억새들의 화려한 춤사위만 둘러보고 하산하는 사람들이 훨씬 더 많다.

팔각정까지 부드럽게 등을 보이던 산이 수그리고 있던 상체를 일으키기 시작한다. 마음을 단단히 먹고 출발하라고 말하는 것이다. 도미노 말판을 세워놓은 듯 키를 달리하며 무수히 많은 산이 물결을 이룬다. 산마루를 따라 흐르는 시선은 끝없이 펼쳐진 푸르름에 멎을 곳을 찾지 못한다. 하늘은 구름 사이로 맑은 빛을 쏟아붓고 산은 그 햇살의 간지럼에 자지러진다. 쏟아지는 햇살로 샤워한 산들은 바다보다 푸르고 하늘보다 진한 색을 자랑한다. 온통 산과 산뿐이다. 생명과 생명들의 숨소리뿐이다. 숲 사이를 넘나드는 바람도 그 안에 들어선 우리도 태초에 순수한 바람이 되어 산어귀를 스친다.

경기도 75

중반쯤 넘어선 여정에 조금만 올라도 멋진 풍광들이 한눈에 들어온다. 왼쪽으로 보이는 산정호수와 오른쪽의 부드러운 흙산인 육산을 갈라놓기라도 하듯 이어지는 암봉들이 걸작이다. 명성산 이름에 걸맞게 멋진 비경을 보여준다. 하늘과 산 그 사이에 서 있는 감동이 가슴 안으로 밀려온다.

정상을 향한 발걸음
웅장하게 뻗은 산줄기에서 넘치는 에너지를 얻다

산의 품으로 들어갈수록 풀들이 내어주었던 길이 사람들의 발길이 닿지 않아 닫히고 있다. 태곳적 원시림으로 돌아가고 싶은 자연의 본능인가. 새와 나비, 바람과 햇살의 재촉인가. 좁아지는 산길을 보니 가수 이선희의 노랫말이 생각난다. '늘 닦아 비출게요.' 우리 삶의 여러 길 중에서, 행복으로 가는 길도 잘 닦고 가꿔야 그 길을 따라 행복과 즐거움이 찾아오지 않을까 생각하며 발걸음을 옮겨본다.

경기도 포천에서 시작된 한 걸음이 강원도 철원에 닿았다. 경계를 넘어섰다는 것, 얼마나 멋진 일인가. 그래서인지 예상치 못한 변화가 일어나고, 대단한 일이 벌어질 것 같다는 기대감이 든다.

"여기서 점심 먹고 가자."
"그래, 테이블도 있어서 쉬어 가기 좋은 곳이네."

삼각봉 정상을 지척에 두고 점심을 먹기로 했다. 남은 산행을 위해 에너지를 비축해야 할 것 같았기 때문이다. 햇살도 바람도, 쉬어 가기 좋은 평원이다. 주변에 큰 나무들이 없어 쏟아지는 볕이 제법 따가웠지만, 식사를 방해할 만큼은 아니었다. 주차장 편의점에서 사 온 김밥 두 줄과 구운 계란, 빵, 복숭아, 포도, 인숙이가 가져온 따뜻한 커피까지, 차려놓고 보니 푸짐하고 넉넉했다.

"앗, 따가워."

잘 익은 포도의 달콤함을 즐기고 있을 때 학무가 자지러지게 소리를 질렀다. 작은 벌 한 마리가 손가락을 쏘고 달아난 것이다. 순간 놀라고 당황스러웠다. 예전에 낙동 정맥을 탈 때 여자 산우가 벌에 쏘여 급하게 병원을 다녀왔던 일이 생각났다.

"어떻게 해?"
"벌에 쏘였을 때는 침을 빼고 깨끗한 물로 씻으면 된대."

순식간에 일어난 일이라 경황없이 우왕좌왕하는 사이 인숙이가 처치법을 검색해서 알려주었다. 잽싸게 생수병을 꺼내 손 씻는 것을 도와주었다. 벌에 쏘인 자리가 벌겋게 달아오르고 후끈후끈 열이 난다고 했다. 별일 없이 지나가길 바랄 뿐이다. 포도 향이 진해서일까. 계속 벌들이 날아왔다. 우리는 먹던 걸 정리하고 길을 나섰다.

손만 뻗으면 닿을 듯, 조금만 걸으면 도착할 것 같았던 정상이 쉬이 나타나지 않더니 비로소 지척이다. '조금만, 조금만 더'를 되뇌며 걸어온 길 앞에, 마지막으로 치고 올라야 할 관문인 암벽이 기다리고 있다. 전체적으로 긴 거리를 올라온 터라 학무의 체력은 이미 바닥을 보였다. 하지만 마지막 힘을 모아 야무지게 밧줄을 잡고 힘차게 올라본다.

"난 요즘 세컨드 하우스를 갖고 싶더라."
"인숙 씨는 집을 갖고 싶어? 내 친구 서연이는 산을 사고 싶다던데."
"산? 큰돈 들여서 굳이 살 필요 없어. 이렇게 한적할 때 오면 온통 내 산이야."
"듣고 보니 그러네."

산정호수가 내려다보이는 명성산
물빛도 산빛도 하늘빛도 푸르다, 나도 푸르러진다

어느덧 청춘의 시간은 희미해졌고 중년의 삶을 마주하고 있다. 동시대를 살아왔기에 풀어놓는 이야기보따리마다 공감하며 고개를 끄덕이게 한다. 그러기에 취미가 같고 마음 맞는 친구는 보석만큼 귀하고 감사한 존재다.

억새 군락지를 지나 삼각봉까지 오는 동안 산은 온통 우리 차지였다. 한 사람의 등산객을 만났을 뿐이다. 그러다 명성산 정상에 도착해서 몇 명의 등산객을 더 만날 수 있었다. 장엄한 암봉과 산정호수가 어우러져 빚어낸 풍광, 호젓한 산길이 억새의 유명세에 밀려 후하게 대접받지 못하는 것 같아 조금은 아쉽다.

 명성산 정상을 내려서서 최종 목적지인 집으로 가기 위한 하산의 첫발을 내딛는다. 돌아갈 보금자리가 있다는 것. 그것은 우리를 언제든 편하게 떠날 수 있게 하는 원동력이 아닐까. 산이든 여행이든….

 하산 길에는 두 가지 방법이 있다. 올라왔던 코스 그대로 내려가 원점 회귀하는 것과 다른 코스를 선택하는 것이다. 같은 길도 보는 방향에 따라 새롭게 보일 수 있으니 원점회귀도 좋지만, 다른 코스가 있다면 그 또한 새로운 설렘이다. 두 길 중 선택이 가능하다면 올라오는 동안 바닥난 체력이 몸에 무리가 되지 않도록 짧고 편안한 길을 선택하길 권한다.

 신안 계곡, 산안 계곡. 하산하기로 한 산안 계곡은 두 가지 이름으로 표기되어 있다. 어떤 표현이든 산을 오르고 내리는 데 문제가 되지 않지만, 기왕이면 같은 표현으로 통일되었으면 좋겠다는 생각을 해보았다.

 익숙해진 풍경과 묵직해진 다리로 마음이 투정을 부릴 때쯤 나는 어린아이로 돌아간다. 계곡에서 발 담그고 물놀이하던 내 안의 소녀를 만나면 삶을 짓누르는 무거운 돌들이 어느새 사라진다. 차가운 물이 닿는 촉감, 우렁찬 소리 이 순간에 집중하며 나를 느끼는 것, 그것이 내가 산을 사랑하는 이유다.

 계곡을 따라 내려오던 산길이 끝나고 비포장도로가 이어지다가 잘 닦인 포장도로를 만났다. 삶에서도 한고비 넘기면 평탄한 길을 만나게 되리라. 산은 이렇듯 단순하지만 늘 잊고 있었던 진리를 깨닫게 해준다.

 아름다운 풍경에는 경계가 없다. 파란 하늘과 흰 구름, 숨 가쁘게 올랐던 명성산의 암봉들과 나무들. 그 경계 없는 아름다움에 취해 우리들 마음의 담벼락도 무너져 내린다.

 무사히 내려왔다는 안도감에 취해 산책하듯 걷다가 만난 슈퍼에서 아이스크림을 하나 샀다. 차갑고 달콤한 맛이 혀끝에 닿으니 온몸이 전율하며 행복이 몰려온다. 그렇게 걷다 보니 산정호수에 이르렀다. 코로나로 지친 일상을 벗어나 자연을 찾은 사람들, 선선한 바람과 넓은 호수에 빛나는 윤슬의 아름다움, 그 자체로 힐링이고 치유다. 넓은 마스크로 얼굴의 절반은 가렸지만 그들의 표정에서 흘러나오는 편안함과 즐거움까지 가리지는 못했다.

 등산이라는 같은 취미로 인연을 맺은 동갑내기 인숙이와 학무는 둘 다 낯가림이 심한 편이다. 그러기에 두세 번의 등산으로는 어색할 수 있다. 하지만 산을 좋아하는 마음 하나로 중년에 접어든 인생을 마음껏 즐기고 있는 중이다. 자연과 접하면서 마음이 넓어지고, 넓어진 공간으로 들어오는 많은 것들을 거부감 없이 받아들이고 있다. 그렇게 조금씩 넓혀가다 보면 산처럼 모든 걸 품을 수 있지 않을까.

크고 작은 산을 오르고 또 오르듯이 삶을 살아간다. 어쩌면 매일이 등산이고 작은 고비들이 도전이다. 그 순간의 두려움과 힘겨움을 견디고 봉우리에 오르면, 또 다른 세상이 펼쳐진다. 의외로 멋진 일이 일어날 수 있다.

치열하게 살아온 시간 뒤에 찾아오는 외로움과 공허감, 그 빈자리에 산 넘어 바람이 불어와 말을 건넨다. "함께 걷는 친구가 있고 언제든 품을 내어주는 산이 있으니, 너의 삶은 오늘보다 내일 더 푸른 숲을 이룰 것이다"라고···.

김포의 금강산(문수산)

"내일 새벽에 뭐 해?"
"새벽에? 자고 있겠지."
"문수산 가자. 5시 출발, 시간 괜찮아?"

낮에 점심을 같이 먹고 헤어진 친구가 늦은 밤 카톡을 보내왔다. 한 달 가까이 등산을 하지 못해 몸이 찌뿌둥하고 산이 그리웠는데 같이 가자는 제의가 굉장히 반가웠다.

일출은 순간순간 변하는 찰나의 아름다움이다. 7월의 선선한 새벽 공기를 가르며 말간 해가 떠오르고 있다. 부지런한 자에게 주는 선물 같은 해돋이의 장관을 보니 출발 전부터 마음이 설레고 벅찼다.

수도권 제2 순환 고속도로(인천 - 김포)를 1시간 달려 6시에 문수산 산림욕장에 도착했다. 이른 시간이라 주차 요금 징수 요원이 출근하지 않았고, 선불인 요금을 낼 수가 없었다. 그 몇천 원에 기분이 왜 이리 좋아지는지….

문수산은 김포에서 강화로 넘어가기 직전에 자리 잡고 있으며, 해발 376m로 나지막하며 문수산성이 있다. 늦깎이 대학생이던 3년 전 김포 사는 학우와 함께 다녀왔고 이번이 두 번째 산행이다.

새롭게 복원된 북봉
산을 오르며 내면을 지켜줄 성을 견고히 하다

강화가 고향인 친구는 세 번째라고 한다. SNS 이웃을 통해 알게 되었고, 친정과 가까워서인지 두려움 없이 새벽 산행까지 혼자서 두 번이나 왔다고 한다.

등산로 초입에는 산림욕장이 아주 잘 조성되어 있다. 높은 산을 오르는 것이 부담스럽다면, 숲의 향기를 즐기며 가벼운 산책을 하고 휴식하기에도 제격이다. 삼림욕장을 지나 본격적으로 산을 오른다. 어제 내린 비로 나뭇잎과 등산로는 촉촉하게 젖어 있다. 다행히 등산화에 흙이 묻어날 정도가 아니기에 걷는 데 불편함은 전혀 없다. 오히려 촉촉함이 신선함으로 느껴져 숨쉬기가 편하다.

잠들었나? 나뭇잎 위에 장구벌레 한 마리가 죽은 듯이 앉아 있다. 이른 아침 등산객이 귀찮은지 카메라를 갖다 대도 꿈쩍도 하지 않는다. 노란 각시원추리꽃은 어제 내린 비로 인해 더욱 선명한 얼굴로 웃고 있다. 미소를 머금게 하는 꽃이 보는 이로 하여금 마음까지 밝게 한다. 산에서 피는 꽃은 크고 화려하지 않지만 은은한 멋이 있어 은근히 끌린다.

주차장에서 0.6km 올라와 문수산 숲길을 오른다. 초입부터 가파른 언덕인 것이 아주 성질 급한 사람을 닮았다. 참빗처럼 촘촘한 나무 틈 사이로 호흡에 집중하며 걷다 보면, 어느새 성곽 길이 시작되는 곳에 이른다. 탁 트인 성곽 너머로 고운 하늘이 보이고 칼칼한

목에 냉수 한 사발 훅 들이켠 듯 속이 시원하다.

  산속 어디서나 흔하게 볼 수 있는 큰까치수염이 작은 얼굴로 나의 발길을 사로잡는다. 줄기 가득 꽃을 피웠다면, 무게에 눌려 바닥에 쳐져 있을 꽃대가, 몇 안 되는 꽃송이를 자랑하며 빳빳이 고개를 들고 있다. 살아남기 위한 전략임을 생각하니 앙증맞은 모습이 기특하고 더욱 어여쁘다. 흔하지만 한 번도 제대로 보지 못했던 꽃이 눈길에 자꾸 밟힌다.

  문수산성은 바다로 들어오는 적을 막기 위해 조선 숙종 때 완성한 산성이다. 조선 말기 병인양요 때 모두 불타버렸고, 1993년부터 복원을 시작하여 지금까지 복원 중이다. 옛 모습은 역사 속으로 사라졌지만, 탄탄하게 복원된 성곽 길을 따라 걸으며 역사의 숨결을 느껴본다. 서서히 고도가 높아지는 성곽길 막바지에 하얀 으아리 꽃이 흐드러지게 피었다. 꽃의 진한 향은 벌과 나비만 머물게 하는 것이 아니라 등산객의 발길도 멈추게 한다. 고급 향수를 만들어내는 어떤 조향사도 흉내 낼 수 없는 천연 향이다. 단단한 돌들이 적으로부터 나라를 지켰다면 으아리는 향으로 성곽을 응원하고 있다. 어느 것 하나 허투루 만든 게 없다. 수십, 수억 년의 시간과 무시로 드나드는 바람과 햇살이 공들여 만든 작품이며 사람이 만들어낸 걸작들이다. 강화의 넓은 들판이 빚어낸 풍경을 정교한 카메라에 정신없이 담았다. 그리고 넋을 놓고 앉아 무념무상의 진공 상태를 경험한다.

정상까지 0.8km 남았다. 산은 우리에게 땀을 흘린 만큼, 혹은 그 몇 배로 감동과 즐거움을 준다. 그렇게 정직한 보상을 받고 나면 자신을 치장하고 있던 것들을 내려놓는다. 산길에서 우리는 가장 순수한 나를 만난다.

탁 트인 전망대에 올라서면 두 개의 강화 대교가 눈에 들어온다. 오랜 세월 인천과 강화도를 연결하며 무수히 많은 사람과 차들이 오갔던 옛 다리와 앞으로 많은 사람과 차들이 건너게 될 새로운 다리다. 옛것이라 천대하지 않고 새로운 것이라 대우받지 않는 모습에 차별 없음을 생각하게 한다. 나란히 공존하는 모습이 정겹다.

파란 하늘빛을 고스란히 담고 흐르는 강물인 염하는 강화도와 김포시 사이의 좁은 해협으로 주변의 농지를 비옥하게 만들어준다. 진초록의 벼와 푸른 하늘과 강이 어우러져, 정성스럽게 빚어 소중하게 품고 있던 보석 같은 풍경을 완성시킨다.

중봉 쉼터를 지나 헬기장이 나왔다. 이제 정상이 멀지 않았다. 문수산은 한남 정맥의 최북 서쪽에 위치한다. 사계절 내내 아기자기한 등산의 맛을 보여주며 경치가 아름다워 '김포의 금강산'이라 불린다.

정상에 오르면 산 아래에 염하와 한강이 유유히 흐르고, 맑은 날이면 강 건너편 북한 개성의 송악산까지 볼 수 있다고 한다. 산행과 더불어 다른 산에서 볼 수 없는 산수의 어울림과 분단 역사의 현장에서 쓰라린 아픔을 느낀다.

강화대교의 두 모습
마음과 마음을 이어주는 다리가 되고 싶다

산의 동쪽 가장 높은 곳에는 서해와 한강 일대가 한눈에 보이는 곳으로, 장수가 주변 정세를 파악하여 지휘하던 장대가 있다. 하늘과 맞닿은 산마루에서 외로이 나라를 생각하는 장수의 고독한 마음과 고뇌가 고스란히 느껴진다.

장대를 등지고 정상을 따라 능선 길을 조금 내려오면 또 다른 전망대가 나온다. 염하와 한강이 만나 하나의 물줄기를 만드는 것을 볼 수 있으며, 탁 트인 조망은 모든 시름을 날려버린다. 누구라도 한 번 보면 오래도록 머무르고 싶은 풍경이다.

"어디서 오셨어요? 저희는 인천에서 왔어요."
"인천? 우리도 인천에서 왔는데?"
"정말요? 인천 어디서요? 저희는 연수동에서 왔어요."
"우리는 숭의동(미추홀구)에서 왔지."

82세 할아버지와 72세 할머니 부부를 만났다. 오랫동안 등산을 하셨다는 두 분은 허리를 꼿꼿이 세우고 걷는 모습이 젊은 우리 못지않은 건강함을 유지하고 계셨다. 베테랑 산꾼 부부에게 믹스 커피를 한 잔 얻어 마셨다. 최고의 조합으로 한국인의 입맛을 사로잡은 커피는 중독성이 아주 강하다. 빈속을 달래며 오른 아침 산에서 풍광을 즐기며 마시는 커피는 애인처럼 달콤하고 짜릿하다.

전망대를 내려와 용강리, 성동리 쪽으로 하산을 시작한다. 따가운 아침 햇살에 광합성을 하며 초록의 선명함을 고스란히 드러낸 산초나무는 어느 산에서나 볼 수 있지만, 이 산에도 제법 많다. 북쪽과 가까워서 기온이 낮은 것일까? 문학산(인천시 미추홀구) 산딸기는 진작 다 따 먹었는데 이곳 산딸기는 아직 꽃도 피지 않았다.

능선을 따라 조금 내려오니 모노레일 선로가 보인다. 문수산성 복원 사업 때문에 설치했으며 자재 운반을 주로 한다. 이 선로는 얼마 전 복원이 끝난 북봉까지 연결되어 있다.

 동아문 위쪽의 모노레일을 건너 북문으로 하산을 한다. 오른쪽은 염하가, 왼쪽은 구불구불한 소나무들이 우리를 배웅해주었다. 정상까지 계속되던 오르막은 하산 길에선 내리막을 의미한다. 경사가 아주 급한 곳이 두어 곳 있으며 자갈들이 많아서 넘어지지 않도록 정말 조심해야 한다. 한낮의 땡볕을 가려주는 나무들의 그늘과 강물이 시원함을 더해준다. 올라오던 길보다 내려가는 길이 눈에 담을 것이 더 풍성하니 심심하지 않으며 물길을 따라 발을 옮기니 마음이 더욱 촉촉해진다.

 북문을 내려와 도로를 따라 조금 걸었다. 오른쪽의 염하를 따라 철조망이 쳐져 있고 군사 시설도 보인다. 잘 가꿔진 주택과 곡식들이 심어진 논밭도 있다. 10여 분 걸어 나와 유격 훈련장 주차장을 지나니 우리가 진입했던 산림욕장 주차장이 나왔다.

 늙어가면서 나타나는 자연스러운 몸의 변화로 잠이 없어진 친구 덕분에 문수산을 이틀 연속 다녀왔다. 토요일은 등산로 익히는 것과 큰까치수염, 으아리 꽃에 반해 향긋한 산행을 했다. 일요일 두 번째 산행은 전날보다 더 여유로웠다. 토요일 올랐던 등산로가 아닌 다른 코스를 개발했으며, 돌채송화의 수줍은 미소를 만나고 북봉까지 다녀왔다.

갈 때마다 색다른 아름다움을 주는 문수산은 그리 유명한 산은 아니다. 하지만 아기자기하고 볼거리가 풍성하다. 무엇보다 등산객이 많지 않아 마스크 착용에 대한 부담이 없고 오붓한 산행을 즐기는 등산객에겐 더없이 좋은 산이다. 이틀 동안 만난 등산객은 우리처럼 주로 인천에서 오신 분들이 많았다. 토요일 성곽길 벤치에서 쉬고 있는 우리에게 친절하게 사진을 찍어주신 분을 같은 지점에서 또 만나기도 했다.

갱년기라고 하지만 체감하는 나이는 뺄셈을 거듭하며 젊어지고 있는 친구는 문수산과 사랑에 빠졌다. 그녀 덕분에 나 역시 문수산에 대한 무한한 애정이 싹텄다. 새벽부터 시작한 등산으로 하루가 알차고 뿌듯하다. 이제 남은 시간은 문수산의 정기를 품고 내일을 준비하는 것이다.

여름 산행의 불편함(청계산)

여름 산행의 불편함은 뭐가 있을까?

모든 걸 태워버릴 듯 작열하는 태양과 속옷까지 적시며 주체할 수 없이 흐르는 땀을 꼽을 것이다. 하지만 나를 불편하게 하는 것이 하나 더 있다. 그것은 바로 벌레들이다. 내가 가장 싫어하는 송충이는 아니었지만, 벌레로 인해 웃지 못할 해프닝이 있었던 청계산 산행이 떠오른다.

시골에서 나고 자라 벌레들이 익숙할 법도 한데 여간해서 적응이 잘되지 않는다. 벌레에 대한 공포증이 생긴 건 어렸을 때 앞집에 살던 고종사촌 오빠의 몫이 크지 않았을까 생각해본다. 엄청난 개구쟁이였던 오빠는 초록색 굵은 깨 벌레를 잡아와 나와 동생 손에 쥐여주곤 했다. 그 장난이 트라우마로 남아 평생 벌레 공포증에 시달리게 되었다.

8월 7일 새벽 4시에 김포 문수산 사랑에 빠졌던 학무와 청계산을 갔다. 청계산은 높이 618m로 서울시 서초구 남쪽에 있는 산이다. 서울을 에워싸고 있는 산 중에서 가장 남쪽에 위치하고 있으며 성남시와 과천시, 그리고 의왕시의 경계를 이룬다. 그러기에 도심의 많은 사람에게 사랑받고 있으며 100대 명산에 들 만큼 유명한 산이다.

곤히 잠들어 있는 도심을 빠져나가 강남 순환 고속도로를 달렸다. 인천 원인재역에서 청계산역까지 1시간이 채 걸리지 않았다. 인스타에서 얻은 정보대로 정토사 근처 주택가에 주차를 했다. 서울에서 무료 주차장이라니 숨겨진 보물이라도 발견한 듯 기분이 좋았다. 그러나 그 기쁨도 잠시, 어디로 가야 할지 도무지 감을 잡을 수가 없었다. 청계산 등산에 대한 이정표가 없었기 때문이다. 순간 무거운 돌덩이를 가슴에 올려놓은 것처럼 답답하고 막막했다.

산은 무조건 북쪽이며 위로 가야 한다는 생각이 무의식에 있는 걸까? 나침반이 있는 것도 아닌데 본능적으로 직진했다. 주택가를 벗어나 살짝 오르막을 지나니 숲처럼 풀이 무성한 길이 나왔다. 랜턴에 들어오는 주변을 둘러보니 우리가 제대로 왔다는 느낌이 들기도 했다.

"야, 저기 불빛이 보인다."
"이런 곳에 왜 불빛이 있는 거지?"

"너무 무섭다. 가지 말자."
"아냐, 일단 가보자. 이 길이 맞는지 아닌지 물어보게…."

뉴스에서 간간이 접하게 되는 좋지 못한 소식들이 떠오르며 공포에 가까운 무서움이 우리를 엄습했다. 하지만 이 길이 들머리라면 지나가야 하고 잘못된 길이라면 돌아서야 한다. 선택의 여지는 없다. 들머리를 찾아야 한다는 간절함과 여자지만 혼자가 아닌 둘이라는 것에 용기를 내어 불빛을 향해 나아갔다.

"안녕하세요? 청계산을 가려고 하는데 여기로 가는 게 맞나요?"
"이 길 아니에요. 왼쪽의 정토사를 지나서 가야 합니다."
"감사합니다."
"휴…."

작은 연못에서 낚시 준비를 하고 계시던 그 사람이 우리를 보고 더 놀랐을 수도 있겠다. 깜깜한 밤중에 두 여자가 느닷없이 나타났으니….

왔던 길을 되돌아서 정토사 주차장으로 방향을 돌렸다. 우리가 찾은 들머리는 옛골 먹거리촌에서 오르는 청계산 길 6구간의 시작 지점이었다. 청계산은 첫 산행이고 리딩 해줄 대장도 없다. 블로그 말고는 참고할 만한 자료가 없었는데 입구 안내 표지판은 굉장히 많은 도움이 되었다. 인생이든 등산이든 가보지 않은 길에 대한 안내자가 있다는 건 굉장한 행운이고 감사한 일임을 다시금 깨달았다.

희미하게 밝아오는 아침 햇살에 의지해 코스를 정하고 표지판을 카메라에 담았다. 그 짧은 시간에 오른쪽 귀에서 앵앵거리는 모깃소리가 들렸다. 작은 날개로 바람을 일으키며 우리를 환영해주는 벌레들의 반갑지 않은 인사도 받았다. 사람도 도시도 모두가 잠들어 있는 그 시간, 벌레들은 잠도 없나 보다. 해충 퇴치제를 뿌려 쫓아 보지만 역한 냄새에 우리 인상이 먼저 구겨졌다.

"미숙 씨 없이 혼자 문수산 일출 보러 간 날 있었잖아?"
"응, 자기 혼자 용감했지."
"너무 이른 시간에 등산을 하는 건 산에 대한 예의가 아니라는 생각이 들더라."
"왜?"
"나무도 산도 휴식을 취하며 자고 있는데, 사람들이 일출을 보겠다는 이유로 그 휴식을 방해하는 건 너무 이기적인 행동이 아닌가 하는 생각이 들었어."

그 얘기에 공감이 갔다. 산을 오르며 한 번 더 가슴에 새긴다. 산을 사랑하는 내 마음보다 우리가 사랑하는 산을 먼저 생각하길.

머리가 벗겨질 정도로 뜨거웠던 한낮의 산을 나무들의 큰 호흡으로 밤새 식혀주어서일까, 청계산은 서늘하고 시원했다. 초입의 가파른 길을 오르면서 만만찮은 산일 것이라는 생각을 잠시 했는데 의외로 느긋하고 여유로운 산이었다. 바쁘게 살아가는 도심의 사람들에게 그리 급하게 살지 않아도 된다는 것을 알려주는 듯했다.

정토사 뒷산이어서인지 스님들의 정갈한 손길이 느껴졌다. 제법 긴 산길을 앞마당 쓸듯 깔끔하게 비질을 해놓은 것이다. 그리고 지형을 이용한 생활권 등산로로 개발되어 사람들이 이용할 수 있는 많은 편의 시설이 준비되어 있었다. 명상의 숲, 휴양의 숲, 힐링의 숲을 지나는 동안 넓은 평상과 벤치가 군데군데 놓여 있어 쉬었다 가기도 좋다. 원한다면 푸른 하늘을 보며 누워 쉴 수 있는 1인용 의자들도 제법 많다. 더위를 피한다고 하면 으레 모래 해변을 떠올리지만, 뭇 생명들로 반짝이는 청계산을 올라보는 건 어떨까?

청계산 소나무 숲길
피톤치드 가득한 그곳에서 몸도 마음도 맑아진다

도시의 소음과 공해를 푸른 바람과 고요로 바꿔놓는 한여름의 숲은, 자체로 완벽하며 일상의 돌파구가 절실한 우리에게 휴식을 넘어 위로와 치유를 건넨다.

생활권 등산로를 벗어나자 완만한 오름이 시작되었다. 그 오름을 따라 물이 흘렀던 흔적이 보이는 계곡도 만날 수 있었다. 계곡은 올여름 마른장마로 물이 없었지만, 숲 자체가 습해서인지, 모기며 벌레들이 집요하게 우리를 따라왔다.

산을 오르는 내내 주유소나 음식점 앞에서 호객 행위를 하는 키다리 아저씨처럼 팔을 휘둘렀다. 그 모습이 안타까웠는지 학무가 말했다.

"산초 이파리를 얼굴에 붙이면 벌레들이 안 달려든다는데…."
"정말이야?"
"응, 유튜브 영상을 봤는데 두 편에서 같은 얘기를 했어."

다행히 청계산에는 산초나무가 많았다. 색이 진한 이파리를 골라서 얼굴과 목에 붙였다. 그것으로도 부족할 것 같아 아예 가지를 꺾어 머리에 꽂기도 했다. 하지만 벌레들은 집요하게 달려들었다. 유튜브 영상에 올라온 정보에 대한 의구심이 들었지만 달리 방법이 없어 그냥 붙이고 다녔다. 비록 벌레들과 사투를 벌였지만 한 발 한 발 오르다 보니 드디어 둘레 길이 끝나고 나무 데크 길에 닿았다.

우리의 계획은 매봉을 거쳐 이수봉으로 하산하려는 것이었다. 등산길이 하나밖에 없어서 다른 길로 빠져 알바(산에서 길을 잃고 헤매는 것)할 여건도 아니었는데, 매봉이나 매 바위에 대한 이정표는 보이지 않았다. 혈읍재에 도착하여 한숨 돌리고 있을 때 맞은편에서 올라오던 등산객 두 분을 만났다.

"얼굴에 붙인 게 페이스페인팅 한 겁니까?"
"아뇨. 벌레들이 너무 많아서요, 산초 이파리를 붙이면 벌레들이 안 달려든다고 해서 붙였어요."
"음, 그거 산초 잎 아닌데…."
"산초 잎 맞는데요."
"그 나무가 어떤 나무예요?"

그분들은 우리 얼굴을 보며 애써 웃음을 참는 것 같았고, 우리는 알고 있던 산초나무를 알려드렸다.

"아니에요. 짝퉁입니다. 산초 짝퉁, 얼른 떼어요. 얼굴에 풀독 올라요."
"산초 잎 맞는데…."

산초나무의 진위 여부를 떠나, 풀독 오른다는 말이 무서워 이파리들을 사정없이 떼어버렸다. 그리고 산초나무가 맞는다고 한 번 더 얘기하고 싶었지만, 초면이고 우리보다 연장자이기에 더 우길 수도 없었고 우기고 싶지도 않았다. 나중에 확인해보니 산초 짝퉁은 초피(젠피)로 산초와 비슷하게 생겼으며, 잘못 알고 있는 사람들이 많다고 한다.

이수봉 정상석
조선 정여창 선생이 두 번이나 생명의 위기를 넘긴 산

혈읍재에서 망경대, 이수봉으로 하산하는 길은 다행히 모기와 벌레들은 없었다. 하지만 나뭇가지처럼 위장한 대벌레들이 엄청 많았다. 대벌레는 가을 낙엽 떨어지듯 나무에서 우수수 쏟아졌다. 바닥에는 등산화에 밟힌 사체들이 수두룩했으며, 여유롭게 산을 즐기는 여자 등산객들은 소스라치게 놀라 달아났다.

 매주 토요일 청계산을 오른다는 두 분의 도움으로 우리는 무사히 하산할 수 있었다. 그리고 다음 날인 일요일은 전날보다 1시간 늦게 출발하였으며, 2코스에서 시작하여 6코스로 하산하였다. 해가 뜬 다음 숲길을 걸어서일까. 벌레와의 전쟁은 피할 수 있었다. 그리고 전날 등산로에 대한 공부를 철저하게 한 덕분에 편안하게 산을 즐길 수 있었다.

 벌레 때문에 내가 불편하고 성가셨던 게 아니라 단잠을 방해한 우리 때문에 벌레들이 화가 난 게 아닐까. 자신의 생명을 위협하는 우리를 두고 볼 수가 없기에 집요하게 따라붙었고 결국 우리를 그들의 영역 밖으로 쫓아냈다. 적을 몰아내고 동료들을 지켜낸 그들은 승전의 기쁨에 취해 파티를 벌였을지도 모르겠다는 말도 안 되는 상상을 해본다.

 가파른 계단과 된비알 오름, 급하게 달려가는 내리막길. 산에서 만나는 수많은 길은 시시각각 다르다. 저마다 생김도 다르고 표정도 다르다. 직접 그 속에 들어가 걸어보지 않으면 알 수가 없다. 꾸밈없는 가장 순수한 나를 만나고, 오로지 나에게 집중할 수 있는 산, 오르는 내내 숨은 가쁘고 몸은 힘들지만, 산은 의외로 우리에게 많은 것을 내어준다.

바람과 햇볕이 약이고 나무와 바위가 위로를 준다. 일상의 먼지를 가득 안고 오든 투정하고 속 좁은 마음들을 가득 짊어지고 오든 산은 모든 걸 받아준다. 벌레들과 전쟁 같은 시간을 보내긴 했지만, 좋은 기억들은 두고두고 곱씹는 추억으로, 좋지 않은 기억들은 잊지 못할 경험으로 남는 게 산이다.

미국 작가 헨리 데이비드 소로우(Henry David Thoreau)는 《월든》에서 이렇게 말했다. '자연의 하루는 매우 평온한 것이며 인간의 게으름을 꾸짖지 않는다.' 전문 산악인이 아니어도 된다. 발 편한 등산화 하나면 족하다. 몸과 마음에 찌든 고약한 것들을 떨쳐내기 위해 언제든 쉽게 찾아갈 수 있는 산. 매 순간 허우적대는 일상을 벗어나고 싶다면 청계산을 올라보자. 치유의 에너지로 채울 수 있을 것이다.

청춘의 푸른 도전(삼성산)

 사람 마음을 색깔로 표현할 수 있다면 산과 자연을 즐기며 사는 우정은 초록이 아닐까. 인생에서 가장 푸르기를 열망하는 친구와 함께 새 계절의 새 옷을 준비하는 삼성산을 다녀왔다.

 의외로 겁이 많은 나는 대부분 산행이 수동적이었다. 등산을 다닌 지는 몇 해 되지만, 아직 산 벗들의 손길을 필요로 하며 많이 의지하는 편이다. 가보지 않은 산은 절대 혼자 가지 못하고, 내가 먼저 가자고 재촉하지 않아도 늘 같이 가자는 길동무들이 있었다. 하지만 삼성산은 아니었다. 평상시 등산을 즐기지 않는 친구와 한 약속이기에 모든 걸 내가 준비해야 했다. 덜컥 겁이 났다. 괜히 가자고 했나 후회스럽기도 하고, 잘 다녀올 수 있을까 두렵기도 했다. 하지만 삼성산에 대한 유튜브를 몇 편 보고 나니 도전해볼 용기가 생겼다. 어떤 일이든 하고자 하는 사람은 방법을 찾고, 하기 싫어하는 사람은 핑계를 찾는다는 걸 다시 깨달았다.

우리 삶에 깊숙이 침투한 코로나는 일상생활뿐 아니라 명절 분위기까지 바꿔놓았다. 바이러스는 한 치의 양보도 없이 발목을 잡고 옭아매며 물러설 기미를 보이지 않는다. 오히려 더욱 극성을 부리고 있다. 그런 와중에도 추석 명절은 어김없이 찾아왔고 사람들은 고향 방문을 위하여 도시를 떠났다. 도심의 도로는 여유로웠고 한적하다는 느낌까지 들었다.

삼성산(481m)은 인천에서 30분 거리에 있으며, 안양 예술공원(구 안양유원지)에 주차했다. 산행 시작점인 들머리는 주차장에서 멀지 않은 곳에 있어 쉽게 찾을 수 있었다. 대부분 산이 그렇듯 삼성산 역시 초입부터 오름으로 시작된다. 큰 산이든 작은 산이든 겸손한 마음을 가지고 오르라고 마음의 준비를 시키는 것이다. 반질반질한 등산로는 많은 사람이 사랑하는 산임을 말해주었다. 제1 쉼터를 지나 제2 쉼터까지 부드러운 육산이라 오르기가 수월했다. 그리고 시원한 바람이 불어 기분이 아주 상쾌했다.

산을 오른 지 40분이 채 되지 않아 제1 전망대에 올랐다. 도시의 소음도 일상의 재촉도 없는 산속에서 잠시 걸음을 멈추고 호흡을 가다듬는다. 팔각정 기둥 사이로 안양 시내가 훤히 내려다보였다. 다닥다닥 붙어 있는 주택과 상가들, 서로의 키를 자랑하며 숲을 이룬 아파트, 발아래 펼쳐진 여백 없는 풍경은 숨이 막힌다. 그러나 도심에서 한 걸음 벗어났을 뿐인데 새 계절이 햇살을 가르고 나뭇잎에

튕기어 성큼 다가온다. 칠판에 적을 수 없는 숲과 바람, 햇살과 나무가 주는 가르침. 그 어떤 스승의 가르침 못지않게 훌륭하고 부족함이 없다. 산이 아닌 곳에서 '좋다, 좋아'라는 감탄사를 쓸 일이 그리 많지 않은데 산 위에만 서면 절로 나온다. 살면서 언제 또 이런 감정들을 듬뿍 느낄 수 있을까?

아늑한 산속에 둘러앉은 경인교대 교정이 한눈에 들어오고 저 멀리 사자 바위가 그 위용을 드러내고 있다. 넓은 풍경을 보고 있으니 좁았던 마음이 열리고 바닥에 누워 있던 마음이 바람처럼 일어난다. 높은 곳에 오르는 뜻은 마음 넓히기를 힘씀이지 시야를 넓히기 위함이 아니라고 한다. 오늘도 우리는 산에서 세상 살아가는 이치를 배운다.

제1 전망대를 지나 제2 전망대를 오르면서 적당한 육산과 암릉이 자리를 바꿔가며 산행의 묘미를 더한다. 암릉이라 하여 험악하거나 오르기 힘든 바위가 아니다. 등린이(초보 등산가)도 오를 수 있을 정도로 발 디딜 곳이 명확하게 보이고, 암릉 옆으로는 둘러 가는 쉬운 길도 있어 편안히 산을 오를 수 있다.

제2 전망대까지 오니 이정표에 두 개의 길이 안내되어 있다. '쉬운 길 & 어려운 길' 노골적으로 속내를 드러내는 이정표에 웃음이 나왔다. 살면서 어려운 길과 쉬운 길 중 어느 길을 선택할래?라고 묻는다면, 대부분 사람들은 쉬운 길을 선택할 것이다. 하지만 등산은 조금 다르다. 산에서 어려운 길이란 짧은 거리에 단시간에 고도를 높일 수 있어 매우 가파르고 힘들다. 반면 쉬운 길은 길고 완만하여 자칫 지루할 수 있다. 등린이 친구의 권유로 선택한 쉬운 길은 나무 데크로 된 계단 길이었다. 제2 전망대 바위에 자리를 잡으니 시야는 더 멀리까지 보이고 하늘과의 거리는 더 가까워졌다.

  동네 산이 아니면 아침 식사를 꼭 하고 다니는 나에 비해 남양주에서 온 친구는 바나나 하나 먹고 왔다고 한다. 등산은 에너지 소비가 많은 운동이기에 늘 간식거리를 챙겨야 하며, 몸이 지치지 않도록 중간중간 쉬면서 에너지를 보충해주어야 한다.

  붉은 색깔이 제법 도는 햇사과. 냉동실에 있던 삶은 옥수수, 오도독오도독 씹는 재미를 더하는 무화과 깜빠뉴와 함께 마실 커피는 스위트 아메리카노로 살짝 얼려 왔다. 등에 내려앉는 따스한 햇살 한 줌과 송골송골 맺힌 땀방울을 식혀주는 바람 한 줄기. 행복이 별거더냐, 이런 게 행복이지…라는 생각에, 배시시 입가에 미소가 흐른다.

  제1 전망대 팔각정에서 올려다볼 때 학우봉에 서 있던 사람이 아주 작고 아찔하게 보였다. 저 멀리까지 어떻게 갈까 아득하기만 하더니 한 발 한 발 걷다 보니, 드디어 학우봉에 도착했다. 귀엽고 앙증맞은 정상석을 배경으로 사진 한 컷을 찍고 시원한 바람에 힘차게

펄럭이는 국기봉에 도착했다. 삼성산 정상이 국기봉이라고 알고 있는 사람도 꽤 있다. 하지만 정상은 0.4km 더 올라가야 한다. 삼성산은 주 능선을 따라 암봉들이 군데군데 자리 잡고 있다. 그 암봉은 기차가 쉬어 가는 간이역처럼 힘든 산행으로 묵직한 다리를 쉬어 가기 좋은 휴식처를 제공해준다. 국기봉도 그렇다.

국기봉 정상석
아기자기한 암릉과 조망이 아주 좋은 안양의 명산

"야, 등산이 이런 거였어? 너무 좋다. 우리 삼성산 3번은 더 오자."
"3번이나? 그래, 좋아."
"단풍이 이쁜 10월 말이나 11월 첫째 주 토요일에 시간 맞춰 다시 오자."

힘겹게 올라 다시 내려갈 산, 헉헉거리며 오르기 바빴던 산. 직장 동료들과 어울리며 오르긴 했지만 그다지 즐겁지 않았던 등산. 친구에게 등산은 그저 힘들기만 했다. 그러나 오늘 산행은 그전의 등산과 다르다고 한다. 네 발로 암봉을 오르고 숨이 턱밑에 차서 힘들긴 하지만 너무 즐겁고 다시 또 오고 싶은, 그런 등산이라 했다.

국기봉을 지나니 마치 하산 길처럼 내리막이 진행되었다. 이정표가 없어 살짝 헤매다가 오른쪽으로 방향을 돌리니 정상으로 가는 길이 나왔다. 누구든 알바를 하기 딱 좋을 것 같아 가방에 달려 있던 산악회 띠지를 꺼내 나뭇가지에 달아놓았다. 정상은 쉴 만한 공간이 별로 없고 볕이 따갑다. 세월이 흐를수록 엷어지는 기억에 흔적을 남기기 위해 인증 사진을 찍었다. 그리고 정상에 올랐다는 기쁨에 힘을 내어 다시 하산 길에 오른다. 크고 작은 봉우리들을 왔던 만큼 내려가야 하는 산은 작은 눈속임도 없으며 솔직한 민낯이 좋다.

"야, 이 길 맞아?"
"어, 그러게 아까 올라갔던 길인데도 굉장히 낯설다."

도심에 위치한 삼성산은 워낙 많은 등산로가 있다. 어느 곳으로 가든 크게 문제 될 건 없지만 하산 길 조망을 즐기기엔 올라왔던 등산로가 가장 적합한 코스였다. 너럭바위에 두 다리 쭉 뻗고 앉아 푸른 바다 같은 하늘에 빠져도 보고, 숲 사이를 넘나드는 바람처럼, 모든 걸 고루 비춰주는 햇살처럼, 삶의 무게를 내려놓고 자유롭고 싶었다. 정해진 시간에 바삐 돌아가는 일상에서 벗어나, 사회가 정한 속도에 따라갈 필요 없이 그저 하늘과 햇살과 바람, 그리고 마음이 이끄는 대로 즐기며 하산하고 싶었다.

"아저씨, 여기 하산 길 맞아요?"
"여기 길 없어요. 다시 올라가서 왼쪽으로 내려가세요."

너른 바위에 돗자리를 펴고 누워서 시원한 바람을 즐기는 등산객 부부에게 물었다. 방해받은 쉼에 짜증이 났는지 쳐다보지도 않고 알려주었다. 분명 왔던 길을 그대로 내려온 것 같았는데… 어디서 어긋난 걸까? 아무리 생각해도 등산로를 벗어난 것 같지 않은데 길을 잃고 알바를 하고 있다. 반복되는 일상에서 헤매는 모습과 너무도 흡사하여 쓴웃음이 나왔다.

내려왔던 가파른 길을 다시 올랐다. 그때 마침 젊은 친구 둘과 나이 드신 분이 내려오고 있었다.

"아저씨, 안양 예술공원 가려면 어디로 가야 하나요?"
"이 길 맞아요. 나도 거기 가는데…."

반가움에 얼른 따라나섰다. 스틱을 하나만 가지고 능숙하게 내려가는 그분은 의사가 제일 무섭다고 했다. 몇 년 전 당신에게 퇴장 선고에 가까운 레드카드를 날렸기 때문이란다. 그때부터 산을 다니기 시작했고, 6시간 걸리던 삼성산이 지금은 4시간으로 단축되었다고 한다. 체중도 많이 줄고 건강도 좋아졌지만, 아직 운동을 더 열심히 해야 한다고 하셨다.

우리가 계획했던 원점 회귀가 아닌 새로운 길로 내려왔다. 하산 길 중 가장 짧은 코스로 내려왔기에 빨리 하산할 수 있었지만 계속되는 내리막이 결코 쉬운 길은 아니었다. 틈나는 대로 삼성산을 오르는 아저씨의 친절한 설명으로 무료 주차장에 대한 정보와 맛집 소개도 받았다. 그리고 우리 차가 있는 곳까지 태워다 주셨다.

"식사를 안 하셨으면 같이 식사라도 하고 가시죠?"
"아니에요. 나는 식사하고 왔어요. 맛있게 먹고 가세요."
"감사해서… 차비를 드릴 수도 없고, 아저씨 건강을 위해 기도드릴게요."

기도한다는 말에 얼굴에 화색이 돌며 당신은 목사라고 알려주셨다. 시골에서 같은 교회를 다녔고 지금도 열심히 신앙생활을 하는 친구는 더 반가워했다. '이웃을 내 몸과 같이 사랑하라'라는 예수님의 말씀을 실천하는 목사님은 삶을 살아가는 태도와 이웃을 사랑하는 작은 가르침을 주셨다. 바위와 나무가 멋진 풍경을 만들어 산객을 부르고 풍경과 산객의 이야기가 어우러진 산에서 더불어 살아가는 법을 배웠다.

강원도

어게인 용화산을 외치며(용화산)

   산천어의 고장 화천, 용화산을 다녀왔다. 산행 당일인 8월 22일 새벽 4시 30분, 인천시 동구 현대 시장의 인천 원예농협 본점 주차장에서 산을 찾는 사람들(산찾사)의 대장을 만났다. 어제 내린 비로 새벽하늘과 공기는 신선하고 깨끗했다. 처음 보는 이들과 낯선 곳으로의 여행. 첫 만남과 첫 산행이 주는 기대감에 가슴이 설렜다.

   강원도 구석구석을 다녀보지 않은 나는 강원도는 영동 고속도로라는 공식을 가지고 있다. 그런 내 생각과 달리 대장 차는 경인 고속도로를 달려 서울로 향하고 있었다. 늘 공사 중이고 복잡했던 경인 고속도로는 이른 새벽이라 차량이 많지 않았다. 신월 IC에서 개통한 지 얼마 되지 않은 신월 여의 지하 도로로 진입을 하니 더욱 한산하고 여유로웠다. 시원스럽게 뚫린 지하 차도를 쌩쌩 달리니 복잡한 서울의 중심을 통과한다는 생각이 전혀 들지 않고 기분이 좋았다. 막힘이 없다는 것, 소통이 잘 된다는 건 사람과 사람 사이에서도 자동차와 도로에서도 굉장히 중요하며 삶의 고단함을 줄여준다.

　1시간 30분 만에 춘천에 도착했다. 들머리이자 날머리인 양통 마을 사여교 근처에 주차하고, 4.6km 산길을 걸어 큰고개까지 올라갈 예정이다. 초입에서 위를 올려다보니 잘생긴 용화산의 모습이 성큼 다가와 가슴이 설레고 빨리 오르고 싶은 마음이 급해진다. 산 정상 부근은 구름에 가려 좀처럼 보이지 않았지만, 암릉들의 자태는 확실히 눈에 띄었다. 우리가 정상에 닿았을 땐 저 구름들이 걷혀 멋진 풍광을 볼 수 있길 기대하며 설렘의 첫발을 내디뎠다.

　호젓한 산길은 어제 내린 비가 채 마르지 않아 촉촉했다. 영롱한 물방울이 신발을 적시고 바짓단을 적시고 내 가슴까지 적셨다. 진초록의 숲길, 이슬을 머금은 나뭇잎 사이로 걷는 것만으로도 행복했다. 선발대로 앞서가는 대장은 거미줄을 걷느라 바쁘고 급기야 나뭇가지를 하나 꺾어 휘휘 저으며 길을 뚫었다.

　주로 화강암으로 이뤄진 산답게 양통 개울을 따라 시작된 들머리 초입부터 바위투성이다. 호젓한 산길을 따라 조금 올라가니 폭발물 처리장이 나왔다. 한국 전쟁 당시 용화산 북쪽 파로호를 배경으로 남북 간 혈전이 벌어졌던 곳이다. 지금도 분단의 현장과 멀지 않은 곳이라는 사실이 새삼 느껴진다. 졸졸졸. 돌밭 길옆으로 흐르는 계곡물은 아침 산행의 상쾌함과 지루함을 덜어주었다. 지각 장마 덕분인지 수량은 제법 많았고 계곡도 하나가 아니라 양쪽으로 흘렀다.

계곡물 소리가 땅속으로 서서히 잦아들고 새침한 여인처럼 계속되던 오르막이 끝나는 지점에 큰 공터가 나왔다.

"와, 물 맛있다. 정말 맛있어."
"어떻게 나무 밑에 이렇게 예쁜 옹달샘이 생길 수 있어요? 너무 신기하다."

돌 틈 사이로 흐르는 약수가 아니라 버드나무뿌리 밑에 맑은 물이 고여 등산객의 발길을 잡고 목을 축이게 했다. 예부터 산은 우리에게 다양한 먹거리로 삶을 풍요롭게 해주었고 지금까지 이어갈 수 있도록 도와주고 있다. 20년 약초꾼인 대장은 물맛이 기가 막히게 좋다고 칭찬을 아끼지 않았다. 우리는 한 바가지 물을 들이켜고 다시 길을 재촉했다.

얼마 가지 않아 도로 이정표가 보였다. 큰 고개에 도착한 것이다. 화천 쪽에서는 이곳까지 자동차도로가 이어진다. 그러기에 용화산 정상을 최단 거리로 오르려는 사람들은 이 주차장을 들머리로 활용하는 경우가 많다고 한다.

물 맑은 호수의 풍광과 함께 기암과 바위가 연이어지는 산행으로 유명한 용화산은 100대 명산으로 등록되었으나 등산객들이 많이 찾지 않는 숨은 명산이다. 인증만을 위한 등산. 과정보다 결과만 중요하게 여기는 사회적 정서, 이것이 산에서도 예외가 아니라니 약간의 허탈감마저 느껴졌다. 하지만 그들은 그들만의 이유와 목적이 있을 것이며 우린 우리 나름의 이유와 목적이 있다. 어떤 산행을 하든 자유의사며 나와 다른 산행을 한다고 굳이 뭐라 할 필요는 없다. 각자의 삶을 존중해주듯 산행의 기호도 인정해주면 되는 것이다.

여기서 정상까지 이르는 30여 분의 코스가 암릉이 어우러진 용화산 산행의 백미다. 초입의 급한 경사와 로프 구간은 뾰족함으로 날을 세우며 급하게 몸을 일으켰다. 유순했던 계곡에서 갑자기 얼굴색을 바꾼 산에 적응하려니 한숨이 절로 나온다. 네 발로 철 계단을 기어오르니 곧이어 거대한 스테이플러로 침을 박아놓은 커다란 바위가 우리를 맞이하고 있다.

구름에 쌓인 촛대바위
맑은 날 꼭 다시 보고 싶은 풍경이다

가파른 계단에서 험한 바윗길로 그 모양만 조금 바꿨을 뿐 용화산은 몸을 높이는 데 거침이 없다. 한번 몸을 솟구치기 시작하자 좀처럼 순하게 풀어줄 줄 모르는 산. 걸어보지 않은 길 앞에서 한 발 내딛기도 쉽지 않지만, 이 또한 용화산의 매력이니 마음을 단단히 하고 그 넓은 품으로 더 깊이 들어선다. 바위에 박힌 철심은 다행히 노란색 플라스틱 갑옷을 입고 있었다. 그 덕에 미끄럽지 않게 오를 수 있었으며 겨울 산행에도 문제 되지 않을 정도로 단단하다. 철심을 박느라 애쓴 손길에 감사한다.

용화산 7지점. 순간의 에너지를 발휘하여 만장봉에 올랐다. 경사에 숨은 가쁘지만 이렇게 오르고 나면 반드시 멋진 보상이 기다리고 있다. 아니나 다를까 이집트 스핑크스처럼 생긴 바위에 명품 소나무가 멋들어지게 자리를 잡고 있었다. 왜 명품이라 하는지 가히 짐작이 간다.

산 아래 멀리서도 보이던 하늘벽 칼바위와 촛대바위는 구름에 보였다 사라졌다를 반복하며 새벽부터 산을 오른 우리의 애간장을 태웠다. 비현실적으로 아름다운 운해를 볼 수 있으리라는 기대를 하고 왔건만 운해는 고사하고 그 멋진 비경들마저 감춰버렸다. 마치 신선들이 노니는 모습을 속세 사람들에게 보이지 않으려고 구름과 안개를 보내 더 이상 다가오지 말라고 얘기하는 것 같았다. 아쉽지만 어찌하랴. 이 또한 용화산의 또 다른 얼굴인데….

878.4m, 용화산 8지점이다. 정상석은 돌탑을 쌓은 듯 딱딱하고 각진 네모 제단 위에 세워져 있다. 아래서 보이지 않았던 등산객들이 정상에 올라오니 제법 보였다. 정상석에서 빠르게 인증 사진을 찍고 안부로 내려가 간식을 먹기로 했다. 새벽 3시에 간단하게 먹고 길을 나선 후, 12시가 지나도록 굶었더니 뱃가죽이 등에 달라붙어 버린 듯하다.

후드득후드득. 허기진 배를 채우며 물먹은 솜처럼 묵직한 다리를 쉬고 있는 사이에 비가 내리기 시작했다. 나뭇잎에 맺혔던 빗물에 하늘에서 떨어지는 빗방울이 더해져 결국 우산으로 모자라 우의를 입게 만들었다. 산의 날씨란 정말 예측 불허다. 내리는 비에 체온이 떨어져 한기가 들기 시작했다. 더 이상 지체할 수 없어 하산을 서두른다.

영통 계곡으로 내려오는 길은 직선에 가까운 내리막길이며 암벽 구간이다. 오르는 길로도 힘들었을 하산 길엔 등산객의 흔적도 등로도 흐릿했다. 길이 보이지 않으면 만들면서 가야 하고, 이렇게 우리가 만든 길이 다른 이들의 안전을 담보한다. 누군가 갔던 길을 따라가는 것도 좋지만 우리가 원하는 곳으로 길을 내면서 가는 것 또한 등산의 매력이 아닐까.

"용화산 너무 마음에 든다. 딱 내 스타일인데?"

"그러게. 날씨만 맑았다면 너무 멋진 풍광들을 봤을 텐데, 너무 아쉽다."

"어게인(again) 용화산. 가을 단풍철에 다시 옵시다."

급하게 쏟아지던 하산 길을 내려오니 편안한 산길이 나왔다. 소양강을 향하여 길 떠나는 계곡물은 다시 자신의 소리를 내며 흐르고 싱싱하고 푸른 초록의 단풍나무들은 계곡물을 호위하는 병정처럼 늘어서 있다.

용화산 명품 소나무
명품이라는 이름값을 하는 나무다

하산 길은 약초꾼 대장의 수업 시간이었다. 사람 손을 타지 않은 산이기에 지천에 나물들이 군락을 이루며 자라고 있다. 산나물의 제왕이라 불리는 병풍취는 잎사귀 하나가 내 등산 모자보다 훨씬 컸으며, 혈액 순환에 좋은 우산나물도 굉장히 많았다. 그 밖의 많은 것들을 알려주었지만 너무 생소한 것들이라 기억이 잘 나지 않는다.

"어, 뱀이다."
"어디, 어디?"
"이 뱀은 작지만 물리면 15분 안에 사망할 수 있는 아주 위험한 뱀이야."
"정말? 너무 무섭다. 얼른 내려가자."

이 산은 지네와 뱀이 서로 싸우다 이긴 쪽이 용이 돼 하늘로 올라갔다 하여 용화산(龍華山)이라 이름 지어졌다는 전설이 있다. 전설이 입으로 전해지는 이야기가 아니라 사실이라는 것을 입증이라도 하듯 뱀을 잡기 위해 지어놓은 뱀 집도 여러 곳 보았고 실제로 뱀도 세 마리나 보았다. 등산을 하면서 세심하게 주의하지 않으면 위험할 수도 있다. 무서웠다.

"와, 물소리가 나니까 계곡에 물이 흐르는 줄 알겠네요."
"어쩜 저렇게 맑을 수가 있죠?"
"그러게 말이에요."

"우리 발이라도 담그고 가요."

뽀얀 바위틈 사이로 흐르는 물은 때 묻지 않은 아가의 눈동자처럼 맑았다. '나 여기 있어요'라고 소리를 내기에 존재함을 알 수 있을 정도였다. 그 물에 손이라도 씻고 가야지 그냥 지나치기엔 아쉬움이 클 것 같았다.

험한 산길을 오르느라 가장 애쓴 두 발과 다리. 차가운 물에 담가 조몰락조몰락 손끝으로 고마움을 전해본다. 내 몸 어느 곳 하나 귀하지 않고 감사하지 않은 곳은 없지만, 발에 대한 고마움은 더욱 크다. 마당처럼 넓고 발등이 높아 평상시 예쁜 신발을 신어보지 못한다고 구박 아닌 구박을 당하던 내 발이다. 결함이 장점이 되어 여러 산을 고루 데리고 다니고 있으니 고마움은 이루 말로 표현할 수가 없다.

약보다 좋은 음식을 먹는 것이 몸에 더 이롭고, 좋은 음식을 먹는 것도 좋지만, 맑은 공기를 쐬면서 움직이는 것. 그것이 최고의 건강 비법 아닐까? 그러기에 등산은 더없이 좋은 운동이며 치료법인 것 같다. 서로 부족한 것을 보태고 또 더하면서 단단한 우리가 되어가듯 산도 그렇다. 단단하게 뿌리를 잡아주는 흙이 있고 어깨를 내어주는 이웃 나무들이 있기에 숲은 푸르고 울창하다. 그 속에서 사람도 나무도 치유와 위로를 받는다.

8년 전 엄청난 몸무게와 무너진 몸의 균형을 바로잡기 위해 산을 타기 시작했다는 산 그리메 대장과 주말마다 약초를 캐서 건강하지 않은 사람들을 챙기는 셰르파 대장, 무릎이 살짝 아프긴 하지만 파스를 붙이고라도 산을 오르고 싶은 친구 홍대는 산을 좋아하고 산을 사랑하는 진정한 산꾼들이다. 어게인 용화산을 외치며 그들과 함께 한 오늘은 몸이 건강해지면 마음이 건강해지고 그러면서 삶이 더 행복해진다는 간단한 원리를 터득하고 실천한 하루였다.

비현실적으로 아름다운 운해(삼악산)

 4월의 산은 임을 기다리는 여인 같다. 겨우내 얼어 있던 칙칙한 땅속에서 연두색 싹이 돋고, 죽은 듯 말라 있던 나뭇가지에 물이 오르기 때문이다. 그리고 봉긋한 가슴에 다소곳한 맵시 꽂은 설레는 여인의 분홍빛 마음을 고스란히 담아내고 있다.

 이른 새벽 오른 삼악산은 시커먼 화마 자국이 선명하게 남아 있었다. 언제 불이 났었는지 뉴스를 통해 들은 것 같기도 하고, 다른 산의 화재 소식이었던 것 같기도 하고 아리송했다. 하지만 소식을 들었던 듣지 않았던 검게 그을린 나무들을 보니 내 몸이 화상을 입은 것처럼 마음이 아팠다. 수령이 제법 되어 보이는 소나무도, 도토리를 키워내는 상수리나무도 깔 맞춤 하기로 약속이라도 한 듯 검은색 옷들을 입고 있었다. 뜨거운 불길도 생명에 대한 강한 본능은 태우지 못했나 보다. 겉보기에 검게 그을려 죽은 듯 보이지만 내면의 촉촉함은 가지 끝에 닿아 초록의 잎을 틔우고 있었다. 그 강인한 모습에서 자식에 대한 부모의 사랑이 느껴져 오르는 내내 마음이 짠했다.

거칠게 말라버린 거죽들에게 수분을 보충해주듯 옅게 끼어 있던 안갯속을 헤치며 가파른 등산로를 올랐다. 삼악산은 높고 웅장한 산은 아니지만, 산이 품은 풍치가 수려하고 정상에서 바라보는 경치가 아름다워 명산으로 소문난 산이다. 멋진 풍경을 기대하고 왔는데 안개가 자욱하여 우리가 원하는 경치를 볼 수 없을 것 같았다. 많이 아쉽지만 어쩔 수 없었다. 인간인 우리도 때론 하고 싶지 않은 일들이 있듯이 자연도 때론 보여주고 싶지 않을 때가 있나 보다.

고집스러운 사람처럼 오름만 계속되던 등산로에서 만난 해맑은 진달래는 새벽에 내린 비로 촉촉했다. 갓 세수하고 물기를 닦지 않은 얼굴을 마주하니 볼을 꼬집어주고 싶은 동심이 일어났다. 목젖까지 차오르던 숨을 뱉어내며 그 예쁜 얼굴을 쓰다듬는 동안 잠시 멈춘 발걸음은 한 발 더 내디딜 수 있는 힘을 채워주었다.

소란스레 앞서지 않고 조용히 뒤를 따라오는 하얀 안개는 나무들의 검은 상처를 감싸주고 우리의 모습마저 가슴으로 품어 사라지게 했다. 그렇게 오른 정상에서 우리는 깜짝 놀랄 만한 풍광을 만났다. 티끌 하나 없이 맑고 푸른 바다 같은 하늘에 하얀 구름이 쫙 펼쳐져 있다. 맨발로 걸어보고 싶을 정도로 깨끗한 구름 밭이다. 할 수만 있다면 그 넓은 밭에 누워 마음껏 뒹굴어보고 싶었다. 내 마음의 칙칙함이 모두 떨어지고 숨겨진 날개가 돋아나 천사가 될 것 같았다.

비가 온 다음 날 운이 좋으면 운해를 볼 수 있지만 여간해서는 보기 어렵다. 나의 첫 운해는 스무 살 겨울 한라산이었다. 친구가 근무하던 산악회를 따라 얼떨결에 다녀온 한라산은 워낙 오래전 등산이었기에 많은 것들이 생각나진 않지만, 운해를 보며 신기했던 기억이 생생하다.

학봉데크에서 바라본 운해
저 구름 밭을 달려볼까?

그때는 등산을 즐기던 때도 아니었다. 그러니 운해라는 단어조차 알지 못하던 때였다. 본격적으로 등산하면서 생각해보니, 그 구름

밭처럼 펼쳐진 것들이 운해였다. 그리고 두 번째 운해를 본 것이 이번 산행이다.

  사방의 둘레가 온통 하얀 구름으로 가득 찼다. 보이는 곳마다 전체가 하늘이 되어 푸른빛과 흰 구름으로 채우고 있었다. 내가 선 자리의 경계가 희미해지고 꿈인지 현실인지 몽롱해졌다. 소리라도 내면 풍경이 지워질까 봐, 몸을 움직이기라도 하면 사라져버릴까 봐 두려워, 그저 숨죽인 채 가만히 바라만 보았다. 그 풍경 속에 녹아든 우리들이 본 이 장면을 다른 이들도 보았을까? 이토록 비현실적인 아름다움 속에 그들도 서 있었을까. 그랬다면 그들도 우리처럼 어쩔 줄 모른 채 두근거리는 가슴을 안고 서 있었을까. 어딘가 이 모든 풍경을 만든 이가 있다면 이런 우리를 보며 웃고 있을 것 같다. 해가 떠오르자 운해가 걷히고 붕어 섬이 모습을 드러냈다. 붕어 섬 전체를 뒤덮고 있는 태양광 발전 패널은 마치 붕어 비늘처럼 반짝이며 빛났다.

  삼악산은 강원도 기념물 16호로 규암의 절리로 탄생한 신비로운 협곡과 폭포를 품었다. 등선, 승학, 주렴 폭포 등 크고 작은 폭포가 비경을 이루고 이름에 '악산'이 들어가는 만큼 산세는 험하고 가파르다.

  오늘 우리는 등선 폭포 주차장에서 올라 등선 폭포 - 흥국사 -

333 계단 – 용화봉 – 전망대 – 깔딱 고개 – 상원사 - 의암댐 - 등선 폭포 주차장으로 하산하였다. 하산 길에서 만난 폭포들의 장엄한 모습은 운해 못지않은 멋짐으로 자리매김했다.

  5시 30분 인천에서 출발하여 7.5km 거리를 5시간 산행으로 끝내고 맛있는 점심을 먹으러 갔다. 모든 산들이 그렇듯 삼악산은 오르는 자체로도 즐겁고 올라보면 더 행복해진다. 산이라는 중매쟁이를 통해 만난 친구들과 인생 최고의 운해도 보았다. 그리고 고난을 함께 헤쳐 나온 이들에게 주어지는 단단한 우정이 선물로 남았다.

학봉데크에서 바라본 구름 밭
은아야 쉿!

찰나에 피고 지는 꽃, 상고대(태백산)

 등산이나 산행이 내 삶을 바꿔주지는 않았지만, 삶을 대하는 태도는 분명 바꿔주었다. 산을 다니고 글을 쓰면서 깨달은 것들이 있다. 힘들수록 더 많이 웃고, 숨이 찰수록 걸음과 호흡에 집중하다 보면 힘겨움이 조금은 잦아든다는 것, 살아간다는 것이 그러하다는 것을 말이다. 익숙하지 않은 겨울 산행으로 마음의 갈등이 아주 심했던 태백산이 그것을 깨우쳐 주었다.

 2월 17일 수요일, 회사에 휴가계를 내고 이야기 대장을 따라 태백산에 올랐다. 새벽 4시에 출발해서 달리는 창 너머로 밝아오는 아침을 맞이했다. 직장인에게 평일 휴가는 여행이 아니어도 신나는데 눈꽃 산행을 간다니 더없이 기분이 좋았다.
 천제단까지 가장 짧은 시간에 오를 수 있는 유일사 주차장을 들머리로 최고봉인 장군봉을 거쳐 천제단까지 다녀올 예정이다.

"대장, 오늘 도저히 안 되겠어요. 우리 포기해요."

유일사 주차장에 도착하니 짐승의 울음소리 같은 성난 바람이 불었다. 그 기세에 눌려 가지 말자는 말이 절로 나왔다. 베테랑 대장은 들은 척도 하지 않았다. 눈과 얼음, 매서운 날씨 등 겨울 산행은 다른 계절의 산행에 비해 더욱 조심하고 신중해야 하기에 가보지도 않고 겁부터 났다. 겪어보지 않아 익숙하지 않다는 건 마음속에 두려움이라는 커다란 풍선을 안고 있는 것과 같다. 풍선이 터지면 나까지 날아갈 것 같은 막연한 두려움은 공포감마저 들게 했다.

주차장에 도착하기 전까지만 해도 처음 찾은 태백산에 대한 기대와 설렘으로 가득 찼었다. 그런데 너무 추워서 꽁꽁 싸매다 보니 마음까지 꼼짝 못 하게 묶어버렸나 보다. 잔잔한 호수에 떨어진 돌멩이 하나가 파문을 일으키듯 작은 생각 하나가 일파만파 퍼져서 온통 나를 집어삼켰다.

시기적으로 이르긴 하지만 두꺼운 옷을 벗어버리고 싶은 마음은 이미 봄을 향해 한 계절 앞서가고 있다. 막바지 추위가 절정인 오늘은 바람까지 불어 심리적인 체감 온도는 영하 20도쯤 되는 것 같다. 태풍처럼 모든 걸 날려버릴 것 같은 칼바람에 몸은 자꾸만 움츠러들고, 체온을 유지하기 위해 준비해 온 모든 것을 총동원한다. 핫 팩 하나는 등에 붙이고 하나는 주머니에 넣고, 넥워머는 눈 밑까지 끌어올렸다.

　초입부터 시작된 오르막에는 어제 내린 눈이 바닥에 깔려 있고, 그 밑으로 반질반질한 얼음이 숨어 있다. 아이젠을 하고도 미끄러워 조심스럽게 움직인다. 사계절 멋진 풍광을 보여주는 산이지만 겨울의 눈꽃 산행으로 유명한 태백산은 고도를 높이며 오를수록 산 아래 세상과 너무나 대조적이었다. 무채색의 진한 겨울을 껴입은 산이 순백의 동화나라로 치장을 하고 우리를 맞이했다. 이제 우리들의 걸음은 몸과 마음이 쉬어 갈 눈부신 눈꽃 세상으로 향한다.

장군봉 고사목
한 폭의 풍경으로 멋지게 되살아나다

"와, 상고대 멋있다."

이 계절 눈과 바람이 제 집처럼 머무는 산이다. 앙상하게 마른 나뭇가지에 앉은 하얀 눈송이, 그 위에 부딪치며 부서지는 설탕 같은 햇살, 마음 한구석에 똬리를 틀고 있던 칙칙한 생각들은 그 빛에 반사되어 흔적도 없이 사라졌다. 이 얼마나 위대한 자연의 힘인가. 이 멋진 경치에 반하지 않을 이가 있을까? 꽃보다 더 아름답고 화려한 상고대다. 곧 사라질 눈꽃도 이렇게 빛이 나고 아름다운데 나도 매 순간 최선을 다해 살아야 하는 것 아닐까. 생각을 바꿔본다.

인생길처럼 아득한 산굽이 따라 묵묵히 나아가는 희망찬 걸음은 부드러운 능선 끝에 빚어놓은 백색 왕국을 향해 거침없이 나아간다. 얼음 꽃들의 위로를 받으며 드디어 태백산 최고봉인 장군봉에 도착했다. 시선이 머무는 곳이 온통 다 산이었다. 광활한 대지를 뒤덮은 하얀 눈의 세상, 파란 하늘의 하얀 파도를 보듯 산봉우리들이 일렁인다. 이름도 알 수 없고 몇 개인지도 알 수는 산들, 한고비 넘기면 또 다른 고개가 기다리고 있는 우리네 인생과 닮았다. 매번 도망가고 싶었지만 달아나지 못하는 인생, 그러기에 악 소리도 내지 못하지만, 힘겨움과 고통마저 등산이 주는 즐거움이니 삶의 고통도 즐기자.

이야기 대장과 생크림 총무가 천제단에 올랐다. 한 해 동안 무사히 등산을 할 수 있도록 정성껏 기도를 드리는 모습에 숙연해진다.

코로나19로 많은 사람이 모여 돼지머리를 올려놓고 시산제를 드릴 수 없지만, 조촐하게 마음으로 기도하며 산악회 회원들의 안녕을 빈다. 하늘과 땅과 조상을 숭배해온 고대 신앙의 성지로 매년 개천절에 태백제를 열고 천제를 지내는 마음이 그 마음이었으리라.

태백산 정상석
태백산은 우리 민족의 영산이자 신령한 산으로 여겼다

 맑은 하늘과 차가운 바람, 따스한 햇살, 이 순간이 아니면 더 볼 수 없을 것 같은 절경들을 카메라에 실컷 담고, 오를 때 들르지 않았던 유일사를 들렀다. 내려가는 돌계단의 경사가 매우 급하고, 한겨울 사찰은 아무도 살지 않는 것처럼 고요하고 쓸쓸했다. 화장실만

들렀다 가려는데 이야기 대장이 라면을 먹고 가자고 했다. 시중의 가격과 비교하면 도저히 사 먹을 수 없을 만큼 비싼 값이지만 보시하는 마음으로 라면을 주문했다. 친절하신 비구니께서 김치까지 챙겨주어서 폭리에 대한 억울한 마음이 조금은 사라졌다. 휴게소도 헛간도 아닌 테이블 하나 놓아진 허름한 곳에서 라면을 먹었다. 이른 새벽 출발로 아침을 먹지 못했던 우리는 국물까지 싹 마시고 하산 길에 올랐다.

모든 걸 얼려버린 산이지만 서로를 위하는 마음까지 얼려버리진 못했다. 마음도, 속도도, 취향도 맞는 산객들과 서로의 속도와 호흡에 맞춰 걷다 보면 정상에 이르게 된다. 우리 삶도 마찬가지다. 힘들다고 뒤돌아보며 돌아갈 수도 없고, 발이 아프다고 주저앉아 울고만 있을 수 없다. 천천히 가든, 쉬었다 가든 스스로 발걸음을 떼어 앞으로 나아가야 한다.

한 해를 시작하는 시간에, 자연에서 마음을 맞추며 좋은 벗이 된 이들에게 또 하나의 이야기가 되어 산과 어우러진다. 이 삭막한 겨울 산에 상고대가 순백색의 얼음 꽃으로 피어나듯 인생의 시린 계절에 얼음 꽃으로 피어줄 멋진 일이 일어나길, 우리가 기대하는 것들이 이루어지길, 순백의 길 위에 소망이라는 두 글자를 또렷이 새기고 내려섰다.

하늘 아래 첫 절(설악산 Ⅰ)

"미숙아, 이번 산행은 설악산 백담사 코스로 바꾼다."
"설악산이오? 삼척 쪽 백두 대간 간다고 하셨잖아요?"
"백두 대간 17km보다 설악이 좋을 것 같아 바꾸는 거야."
"그럼 봉정암도 가요?"
"너 봉정암 가고 싶어?"
"네. 가고 싶어요."
"그럼 가자."

원하고 바라는 일은 이루어지는 것일까?

얼마 전 하늘 아래 첫 절이라는 봉정암에 대한 얘기를 들었다. 상주 큰언니는 세 번 다녀왔고 천주교 신자인 대모님은 백담사까지 갔는데 갑자기 비가 와서 못 가셨다고 한다. 가고 싶었으나 가보지 못한 곳이니 나보고 기회가 되면 한번 다녀오라고 하셨다. 봉정암은 불교 신도들의 순례길이며 아무에게나 허락되는 길이 아니라고 한다. 그때부터 나는 봉정암에 가고 싶다는 생각을 하게 되었다. 간절한 마음 때문이었을까? 생각이 현실이 되는 시간은 그리 오래 걸리지 않았다.

작년 8월 낙동 정맥을 같이 탔던 베테랑 산꾼인 이야기 대장과 생크림 총무, 오뚜기 님(산악회 닉네임)과 휴가 일정을 맞춰 봉정암에 가기로 했다. 그들은 알고 지낸 시간은 그리 길지 않지만 산이 맺어준 귀한 인연이다. 어차피 다시 내려올 산을 굳이 찾아 오르는 즐거움에 대해 어느 누구보다 공감하는 등산의 대선배들이다.

우리가 계획한 4암자(백담사, 영시암, 오세암, 봉정암) 코스는 결코 쉽지 않은 길이다. 많은 이들은 오세암을 거치지 않고 봉정암에서 바로 대청봉으로 오른다고 한다. 그 구간이 아주 심한 된비알이기 때문이다. 두려운 마음도 들었지만 함께하는 그들이 있어 용기를 낼 수 있었다.

8월 4일은 직장인들의 휴가가 절정에 달하는 날이다. 새벽 3시 45분에 인천 간석동 약사사 입구에서 만나 출발하였다. 3시간을 달려 용대리에 도착하였고 시원하고 담백한 황태 해장국으로 아침 식사를 했다. 미리 예약한 숙소에 짐을 풀고 백담사 주차장에 도착하여 8시 버스를 탔다. 백담사까지 개인 차량 진입이 불가하기에 셔틀버스를 타거나 걸어야 한다. 백담 계곡의 맑은 물과 설악의 수려한 산세를 보면서 구불구불한 길을 달려 백담사 매표소에 도착했다. 8시 15분이었다.

 백담사는 100여 개의 연못이 있는 곳이라 해서 붙여진 이름이다. 전직 대통령이 머물렀던 곳이기에 궁금함도 있었고 한 번쯤 가보고 싶은 사찰이었다. 깊은 산속에 고즈넉하게 자리 잡고 있을 것이라고 막연하게 생각했는데 의외로 산 아래 있어 놀랐다. 사찰 입구 넓은 계곡에는 바짝 마른 돌들이 하얀 손바닥으로 태양을 가리며 뜨거운 햇살을 고스란히 받고 있다. 납작한 돌을 골라 쌓아놓은 돌탑들이 무수히 많다. 물길을 수놓은 간절한 마음들이 또 하나의 절경을 이룬다.

"하산 길에 다시 들러보고 지금은 출발하자."

 백담사 경내를 돌아 나와 얼마 걷지 않아 백담 탐방지원센터가 나왔다. 이정표에 표시된 대로 우리는 영시암 - 오세암 - 봉정암을 들러 백담사로 원점 회귀할 예정이다. 탐방센터를 지나면서 한적하고 고요한 산길이 나왔다. 계곡물 흐르는 소리와 산새들 소리, 바스락바스락 바람에 부딪히는 나뭇잎 소리, 걷는 걸음마다 명상의 시간이요, 힐링의 시간이며. 치유의 순간이다. 우리의 발자국 소리를 들으며 아침 고요에서 서서히 기지개를 켜는 나무들과 산. 그 아름다운 길을 우리끼리 실컷 즐기며 1시간 정도 걸어 영시암에 도착했다. 이른 아침 사찰은 고요했다. 옥수수를 먹으며 휴식을 취하는 두 분의 등산객을 만났을 뿐이다. 우리도 초록색 아오리 사과로 에너지를 보충하고 물병에 물을 채워 다음 산행을 준비했다.

백담사에서 영시암까지 편안하고 호젓한 산길이었다면, 오세암으로 가는 길은 산이 허리를 곧추세우며 고도가 높아지기 시작했다. 헉헉거리는 숨소리는 거칠지만 시야에 들어온 풍경들은 한적하고 고요하다. 거인들의 찐빵처럼 생긴 바위를 이끼가 초록 저고리를 입히고 고비 나무가 밋밋함을 달래줄 맵시 꽃 역할을 하고 있다. 생명 없는 차가운 돌덩이에 붙어 살아가고 있는 이끼와 그 속에서 생존을 이어가는 고비가 신기하기만 하다.

오세암 1.6km를 남겨둔 지점부터 좀 더 몸을 일으킨 산을 마주한다. 산이 사람이라면 가슴쯤 올랐다고나 할까? 설악산은 사실 냉정하다. 허리를 꼿꼿이 세우는 길이 마음 굳게 먹으라며 잔소리를 쏟아낸다. 이 숨 가쁜 고통을 이겨낼 수 있다면 세상 살아가는 그 어떤 일도 마주하며 이겨낼 수 있으리라. 몸과 마음에 단단한 근육이 생긴다.

"많은 산을 다녀봤지만 설악산 이 코스만큼 태곳적 신비로움을 고스란히 안고 있는 산은 별로 없어."

이야기 대장의 얘기를 듣고 보니 정말 사람의 손길이 미치지 않은 자연 그대로의 모습이 더욱 신비로워 보였다.

"설악산에서 만경대가 세 군데가 있는데 여기가 그중 한 곳이야. 여기 만경대가 있다는 걸 사람들은 많이 알지 못해."

대장은 혼자만의 기밀을 알려주기라도 하듯 자랑스럽게 말을 하며 가파른 산길을 앞장섰다. 만경대란 만 가지 풍경을 볼 수 있는 곳을 말한다. 비밀 장소 같은 만경대에 올라서니 용하 장성, 공룡 바위, 소청, 대청 등 그 이름에 걸맞은 멋진 풍경이 파노라마처럼 펼쳐졌다. 설악의 많은 풍경 중 가장 설악다운 풍경이다. 이 멋진 작품을 만들기까지 가장 공을 들인 건 아마 시간이라고 해도 과언이 아닐 것이다. 인생 사진을 찍기 위해 뾰족한 바위에 걸터앉아본다. 태연한 척 앉아 있지만, 저 바위를 오르기 위해 후들거리는 다리를 진정시키고 콩닥거리는 가슴을 어루만지는 데 꽤 긴 시간이 걸렸다.

만경대 바위에서

만경대에서 바라본 오세암
9,999개의 풍경과 또 하나의 풍경인 나!

산에 올 때마다 느끼는 것이 있다. 걸을 땐 걷느라고 몰랐는데 돌아보면 '내가 걸어온 길이 참 길었구나, 내가 오른 능선이 굉장히 가팔랐구나. 참 많이 왔네. 기특하네' 하며 나를 토닥이게 된다. 정상에 오른 자에게만 허락되는 절경을 보며 이 순간도 나에게 잘했음을 칭찬해준다.

"저기가 봉정암이야."
"헐~ 저기를 갈 수 있어요?"

칭찬도 잠시, 다음 목적지를 알려주는 대장의 말에 '내가 저곳에 가야 해? 갈 수 있을까?'라는 또 다른 두려움과 자신 없음이 마음 한

편에 자리 잡는다. 하지만 멋진 비경을 보면서 그 공포에 대한 보상과 위로를 충분히 해준다. 그리고 나면 '할 수 있다'라는 자신감도 생긴다. 그 자신감은 절벽에 가까운 가파른 길을 한 걸음씩 내디딜 수 있는 힘의 원천이 된다.

산속에 산이 있고, 산이 산을 품고 있다. 산들은 서로의 어깨에 기대어 의지하며 손을 맞잡고 있다. 만경대에서 바라본 오세암은 고개를 한껏 젖혀야 끝이 보이는 나무들과 기암괴석에 둘러싸여 있다. 어미 품에 안긴 아이처럼 편안하고 안온해 보였다. 달력의 멋진 풍경에 나오는 아름다운 모습 그대로다.

다섯 살 아이가 득도했다는 뜻의 오세암에 도착했다. 코로나19로 인하여 커피도, 점심 공양도 하지 않는다는 오세암에서 운 좋게 주먹밥을 얻어먹을 수 있었다. 갓 지은 밥에 고소한 참기름을 듬뿍 뿌리고 짭조름하게 비빈 주먹밥, 졸졸졸 흐르는 물소리가 배경음악처럼 들리는 계곡에 앉아 맛있게 먹었다. 점심을 먹지 못할 것을 대비해서 행동식으로 미니 족발을 사 왔는데 무짠지가 들어간 주먹밥을 먹으니 족발보다 훨씬 더 힘이 나는 것 같았다.

"본격적인 오름이 시작되기 전에 여기서 잠시 쉬었다 가자. 가다 보면 내가 왜 여기서 쉬자고 했는지 알게 될 거야."
"발 좀 담그고 싶은데…."

"담가도 돼. 시간은 충분해."

오르는 내내 수도꼭지를 틀어놓은 것처럼 흐르는 땀을 주체할 수가 없었다. 뜨거운 볕에 노출되어 피부가 상하는 것을 막기 위해 발라놓은 선크림은 진즉에 씻겨 내려갔고 벌겋게 달아오른 얼굴은 그 차가운 물에 세수를 해도 쉬이 식지를 않았다. 설악이 우리에게 주는 또 하나의 선물 같은 맑은 물에 감사하며 이제 마지막 오름에 도전한다.

오세암에서 봉정암까지 4km 남았다. 지도상에 표시된 거리는 짧으나 워낙 가파른 길이라 3시간이나 걸린다고 한다. 지금까지 걸어온 산행보다 더 버거울 것이라는 대장의 말을 듣고 마음을 단단히 먹어본다.

시간은 우리 발걸음보다 빠르게 움직여 3시 30분을 알려주었다. 등산을 시작하고 7시간 만에 드디어 불교신도들의 최고 성지인 봉정암에 이르렀다. 봉정암으로 가기 전에 자장 율사가 가져왔다는 사리를 봉안한 사리탑에 먼저 들렀다. 시원한 그늘을 찾아 땀범벅이 된 등에서 배낭을 내렸다. "와, 살 것 같다"라는 말이 절로 나온다. 울창한 숲에서 불어오는 바람은 내 머리를 식혀주고, 열정 가득한 마음을 식혀주고, 등에 들러붙어 있던 티셔츠를 떼 내어 식혀주었다. '와, 멋있다'라는 말밖에 달리할 말이 없다. 그 멋진 풍광은 저

밑에서 한 발 한 발 내디디며 올라온 사람들에게만 허락되는 비경이다. 그 멋짐은 차마 글이나 사진으로 도저히 표현할 수가 없다.

축복받은 날씨 덕에 파도치듯 굽어진 능선들과 암봉의 풍광들이 눈앞에 펼쳐진다. 암봉들은 저마다 위용을 드러내며 각자의 수묵 담채화를 그리고 있다. 하늘과 땅 사이를 모두 채운 것이 산이다. 세상 만물이 그 품 안에 들어 있으니 고생스러울 것을 알면서도 매번 산을 찾는 것이리라.

산꾼답게 이야기 대장과 생크림 총무는 가지고 온 간식 중 일부를 제단 위에 올려놓고 기도를 드렸다. 신의 전령사일까? 잠시 뒤 어디선가 조그마한 다람쥐 한 마리가 뽀르르 달려왔다. 앞발을 세워 쥠쥠 하면서 쳐다보는 눈빛이 너무 귀엽고 사랑스러웠다. 도토리와 알밤보다는 사람들이 주는 간식에 이미 길들여져버린 다람쥐, 그 재롱을 보고 모른 척할 수 없어 남아 있는 간식 중 땅콩 샌드를 하나 까서 주었다. 동그란 과자가 굴러갈세라 앞다리로 꼭 누르고 정신없이 먹고 있다. 카메라를 들이대고 사진을 찍고 영상을 촬영해도 아랑곳없이 먹는 것에만 집중한다.

우리나라 5대 적멸보궁, 설악산 봉정암
봉황이 부처님의 이마로 사라졌다 하여 붙여진 이름이다

 봉정암 경내를 둘러보고 있을 때 '이렇게 무더운 땡볕에 또 산에 갔냐?'며 핀잔 아닌 핀잔을 주는 친구의 문자를 받았다. 하지만 여름 산은 의외로 시원하다. 줄지어 선 나무들이 사락대며 말을 걸고 한여름에도 서늘한 그늘을 선사하기 때문이다. 오후 4시가 되니 마음이 동동거리며 바빠진다. 내려가면서 마실 물도 채우고 개인의 안녕과 모든 산악인들의 안전한 산행에 대한 기도도 드렸으니 이제는 하산을 서둘러야 할 시간이다. 구곡담 계곡과 수렴동 계곡을 통해 백담사로 하산하기로 했다.

백담사에서 주차장까지 운행되는 버스는 7시가 막차다. 그 마지막 하행 버스를 타려면 10.4km를 3시간 만에 하산해야 한다. 7km 거리는 버스로 15~20분 소요되지만 걸어가면 1시간 30분에서 2시간가량 걸린다. 만약 버스를 타지 못한다면 가로등도 없는 아스팔트 도로를 걸어가야 된다. 생각만 해도 암담하다. 2시간에 한 번씩 휴식을 취하며 무리한 산행을 하지 않는다는 철칙을 가진 대장은 도저히 안 된다고 한다. 그냥 편하게 걸어가자고 한다. 하지만 먼저 그 코스를 걸어본 오뚜기 님과 생크림 총무는 걸어갈 수 없다고 완강히 맞선다. 우리는 최선을 다해 하산을 서둘러보기로 했다.

  다행히도 수렴동 계곡을 따라 내려오는 길은 비교적 수월했다. 대장을 선두로 그 뒤를 바짝 따르던 생크림 총무, 숨 쉴 틈도 없이 추격하며 그들과 간격을 좁히는 나, 뒤에서 후미를 담당해주던 오뚜기 님. 워낙 산을 잘 타는 산꾼인지라 간격을 좁히기가 쉽지 않았다. 정말 이를 앙다물고 걸었다. 아니 평지와 데크 길에선 뛰어야 했다.
  수려한 계곡과 폭포에 눈을 돌릴 시간도 마음의 여유도 없었다. 하지만 아무리 바빠도 쌍룡 폭포는 찍고 가야 할 것 같아 가던 걸음을 멈췄다. 사진은 시간을 거슬러 과거를 현재로 불러들이는 행복 되새김질이라고 말한 이상은 사진작가의 말이 생각났다. 땀으로 범벅이 되어 제멋대로 흘러내린 머리카락, 화장기 하나 없이 빨갛게 상기된 얼굴, 먼 훗날 사진첩을 보면서 오늘을 추억하며 미소 짓기에 충분한 모습이었다.

"1분만 쉬었다 가자. 이 정도 시간이면 버스 탈 수 있을 것 같아."

숨이 턱에 찰 정도가 아니라 내가 숨을 쉬고 있는지조차 생각할 시간도 없이 내려온 길이었다. 수천 년 가꿔놓은 계곡을 즐기지 못하고 내려오며 많이 아쉬웠다. 대장 말처럼 차라리 버스 타지 말고 하산 길의 멋진 풍경들을 즐기면서 가자고 할까 고민도 해보았지만, 차마 그 말을 할 수 없었다.

"와, 미숙이 산 잘 타네. 그 정도면 백두 대간 종주해도 충분하겠어."

쏟아지는 찬사에 헉헉거리며 달려온 길이 오히려 고맙게 느껴진다. 달리던 걸음을 멈추니 열려 있던 땀구멍 사이로 끈적끈적한 물이 쏟아져 나오고 얼굴은 달궈진 화롯불처럼 뜨거웠다. 차가운 계곡물로 그 열기를 식히며 막간의 휴식에 몸도 마음도 너무 행복했다.

작은 발이 쉴 틈 없이 바쁘고, 흐르는 땀을 닦느라 손이 바쁘고, 작은 눈 역시 길 안내를 하느라 바쁘다. 온몸이 하나가 되어 정신없이 역할을 수행하는 동안 머릿속에서 잠시 스친 생각이 있었다. '살면서 힘들다, 아프다고 소리 낼 수 있는 건 내가 덜 아프고 덜 힘들기 때문이구나. 정말 죽을 만큼 힘이 든다면 아프다는 소리조차 낼 수 없을 뿐 아니라 그 생각조차도 사라지는 것이구나.'

주차장에 다 와가니 주변의 풍경을 즐길 수 있는 시간도 마음의 여유도 생겼다. 우리나라 국립공원은 세계적으로 아름다운 환경을 자랑하며 누구나 이용할 수 있다. 설악산이 유네스코 생물권 보전 지역으로 지정되었다는 비석을 보니 대한민국에 살고 있는 국민으로서 자랑스러움이 느껴진다.

오후 6시 50분, 마지막 버스 출발 10분 전에 도착했다. 막차를 타겠다고 부지런히 하산한 등산객들과 매표소 직원을 태운 버스는 백담사 주차장을 향해 출발했다.

하루가 뿌듯하다. 설악을 아는 산객이면 누구나 쉽지 않은 코스라고 생각하는 4암자 코스를 믿기지 않을 정도로 짧은 시간에 하산한 것도 너무너무 기특하고 대단하다. 마음먹은 대로 된다는 것, 불가능할 것 같은 상황에서 더욱 차분해지는 나 자신을 만난 시간이었다. 처음 등산을 할 때는 산을 만나러 간다고 생각했다. 하지만 등산은 나를 만나기 위해 산을 오르는 것이며, 온전히 나에게 집중할 수 있는 시간임을 알게 되었다.

24km, 10시간 18분, 산행 완료. 기네스 세계기록에 등재할 정도는 아니지만 내 삶의 기네스에 기록될 뿌듯한 기록이다.

살아도 살아도 익숙해지지 않는 우리네 인생길처럼 산 역시 올라도 올라도 낯설다. 하늘과 맞닿은 듯 곧게 허리를 세우고 있는 직선의 바위들과 봉우리들. 그 속에 구불구불한 곡선의 길이 숨어 있다는 걸 알기에 오늘도 나는 설악산을 올랐고 내일 또 다른 산을 오를 계획을 세운다.

가을이 시작되는 그곳에서(설악산 Ⅱ)

 "어떤 산이 제일 멋있어?"라고 묻는다면 망설임 없이 설악산이라고 답한다. 산 중에서 가장 아름다운 산, 그중에서도 공룡능선은 설악산 내에서 가장 멋진 경관을 볼 수 있는 곳으로 유명하다. 설악산을 오르는 수많은 길 중에서도 가장 빠른 시간에 대청봉을 오를 수 있는 오색 코스를 지나, 산객이라면 누구나 한 번쯤 꿈꾼다는 공룡능선을 다녀오기로 했다.

 고등학교 절친이며 34년째 우정을 이어오고 있는 인숙이는 전업주부 시절 평일과 주말, 틈나는 대로 등산을 즐겼다. 하지만 직장 생활을 시작하면서 시간적 여유가 없어지고 산에 대한 갈증이 생기기 시작했다. 그런 그녀에게 보너스처럼 주어진 추석 연휴는 산에 대한 목마름을 해소하고 막바지 초록을 즐기기에 더없이 좋은 시간이었다.

 공룡능선을 간다고 생각하니 설레는 마음과 두려움이 함께 일어났다. 멋진 비경에 대한 설렘과 큰 산을 가기 전에 드는 습관적인 두려움이다. 올라보지 못한 능선에 대한 막연한 공포심과 베테랑 산꾼 없이 둘이서 올라야 한다는 부담감은 나를 위축시키기에 충분했다. 그럼에도 그 쉽지 않은 여정에 출사표를 던질 수 있었던 건, 인숙이와 함께하기에 가능했던 것이다.

  9월 18일 새벽 2시 50분에 안내 산악회 버스를 타고 남설악 탐방지원센터에 도착했다. 어둠은 설악을 품어 안고 어깨를 토닥토닥 두드리며 비를 뿌리고 있었다. 설악에 대한 진한 애정을 품고 밤새 달려온 사람들을 내려놓고 버스는 어둠 속으로 사라졌다. 그 불빛이 사라지고 등산객들의 이마에는 별빛 같은 작은 전구들이 반짝였다. 저마다 다른 속도지만 비슷한 행동들을 하며 산에 오를 채비를 했다. 우리도 느슨한 신발 끈을 조이며 마음을 다잡고 장갑을 끼면서 두 주먹에 힘을 주어 의지를 발동했다.

  등산객들에게 입산이 허락되는 시간은 3시다. 모든 준비를 끝내고 출입문이 열리기를 기다렸다. 뜨거운 열정만으로는 열 수 없는 출입문은 마치 바윗덩어리처럼 입을 굳게 닫고 침묵을 지키고 있다. 10분 남짓 남은 시간은 마치 10시간처럼 길게 느껴지고, 라인 앞에 선 계주 선수들처럼 발목을 돌리며 출발신호를 기다렸다. 2시 55분에 스르륵 문이 열렸다. 문 앞에서 대기하던 순서대로 설악의 뜨거운 심장을 향해 힘차게 나아갔다.

무엇도 거저 주어지지 않는 삶의 이치처럼 대청으로 보다 빨리 오르는 길은 딱 그만큼 더 가파르고 온통 괄괄한 돌 투성이였다. 오색 코스는 들머리에서부터 대청까지 5km가 줄곧 너덜 길과 가파른 계단이 이어졌다. 베테랑 산객들도 힘들어하기로 유명하다. 몇 년 전 다녀간 길임에도 처음 오르는 길처럼 낯설고 생소했다. 단단히 각오하고 왔건만 금세 두 다리가 뻐근해져온다. 울퉁불퉁 멋대로인 돌덩이들과 씨름하며 오르는 동안 어둠을 뚫고 들려오는 물소리는 매우 우렁찼다. 그 힘찬 응원에 힘입어 한 발 한 발 내디디며 두 무릎에 힘을 주었다.

"아. 어지러워."

휴게소에서 먹은 누룽지가 체했는지 컨디션이 회복되지 않던 인숙이가 어지럼을 호소하며 힘들어했다. 가다 서다를 반복하는 친구에게 하산을 해도 된다고 얘기했지만 괜찮다는 말로 설악에 대한 의지를 드러냈다.

'마당처럼 넓은 발아, 고마워.
푸른 청춘에 짧은 스커트를 입어보지 못했지만 튼실한 허벅지야, 고마워.
무거운 가방을 말없이 지고 가는 갸륵한 어깨야, 고마워.'

언제 또 이렇게 자신에게 집중했던 적이 있었던가. 늘 건강을 유지해준 몸에 대해 감사 인사가 절로 나왔다. 온몸을 내달리며 귀까지 울려대는 맥이 꼭 내 생의 박동 소리 같다. 이 순간 내가 살아 있다는 느낌과 힘겹게 발을 내딛는 인숙이의 거친 호흡을 들으니 후들거리던 다리에 힘이 들어간다. 함께 고통을 나누고 있다는 것만으로도 감사했다.

소리 없이 설악을 잠재우던 이슬비는 산이 깨어나면서 굵은 빗방울로 얼굴을 바꾸고 급하게 쏟아졌다. 이대로 가다간 저체온증에 걸릴 것 같아 고어텍스 잠바를 꺼내 입었다. 가져올까 말까 고민하다 가져온 잠바는 전쟁터의 군인들 갑옷처럼 든든했다. 산은 시시각각 모습을 바꾸기 때문에 힘한 산행일수록 안전 장비와 여벌 옷을 충분히 준비해야 한다. 일기 예보를 듣지 않아 우의는 챙겨오지 못했지만 잠바라도 가져왔으니 얼마나 다행인가. 자책하던 나에게 면죄부를 주어 편하게 해주었다.

낙엽 하나로 온 산에 가을이 왔음을 안다고 했던가. 산길에 떨어진 빨간 단풍잎을 보니 온 설악이 그 안에 다 들어 있다. 설악은 새로운 계절로 옷을 갈아입는 중이다. 맑은 날 반짝거리는 모습을 보지 못해 못내 아쉬웠지만, 이 또한 설악이 우리에게 보여주는 얼굴이니 그마저도 감사했다.

산을 둘러 가는 대신 가장 빠르게 내지르는 길이다 보니 산 한가운데 숲을 지난다. 맑은 날씨에도 탁 트인 조망이 없을 그곳에 온통 뿌연 안개만 자욱하다. 내내 올라가는 길을 걸은 지 3시간이 지나니 점차 길이 완만해지기 시작한다. 고대하던 그곳이 이제 목전이라는 신호다. 쳐져 있던 발에 힘이 가해지고 힘든 산행에 늘어져 있던 마음이 생기를 찾는다.

대청봉은 설악의 가장 높은 봉우리로 1,708m이다. 차가운 바람이 설악에 온 우리를 반겨주었다. 장갑을 끼긴 했지만 내리는 비로 흠뻑 젖어 스틱을 잡은 손끝은 시렸다. 소화제를 먹은 인숙이도 컨디션을 조금씩 회복했고, 힘겹게 올라온 만큼 벅차고 감동스러웠다. 평상시 같으면 길게 줄을 서서 찍어야 할 정상 인증 사진을 기다림 없이 여유롭게 찍었다. 비 피할 나무 한 그루 없는 정상에서 내리는 비를 온몸으로 맞아야 하는 우리는 한기를 느끼며 중청으로 하산을 서둘렀다.

대청에서 30분 정도 내려오면 중청 대피소가 있다. 고된 산행에서 지친 몸을 쉴 수 있는 산객들의 제집 같은 곳이며, 비바람을 피하고 식사와 마실 물을 보충할 수 있는 곳이다. 취사장에는 이미 적지 않은 등산객들이 아침 식사를 하고 있었다. 보글보글 라면을 끓이는 아빠와 아들, 간편하게 떡과 음료로 식사를 대신하는 사람들, 각자 저마다 준비해 온 간식들로 허기진 배를 채우고 있었다. 일주

일 전만 해도 더워했던 인숙이는 커피를 얼려 왔다. 그리고 바쁜 와중에 삼각 김밥을 직접 싸 왔다. 새벽부터 비를 맞았더니 따뜻하고 달달한 믹스커피 생각이 간절했다. 하지만 입맛만 다실 뿐 시원한 커피로 아쉬움을 달랬다.

설악산의 최고봉, 대청봉
밤새 내린 비와 안개로 멋진 풍경이 없어도 자체로 멋지다

"저기요, 따뜻한 물 필요하면 말씀하세요."
"정말요? 안 그래도 따뜻한 물을 마시고 싶었는데 정말 감사합니다."

우리랑 같은 차를 타고 오신 분들이라고 하셨다. 코펠에서 펄펄 끓는 물을 부어주시며 단호박 차를 주셨다. 따끈하고 달콤한 차를 한 모금 마시는 순간, 새벽부터 긴장했던 몸속에 피가 돌고 추위에 움츠렸던 어깨가 펴졌다.

"지금 매점에 가면 우의 팔아요. 3시까지 비 온다니까 준비하세요."
"네."
"고어텍스 잠바가 젖었으니까 우의를 잠바 안에 입으세요. 우의는 얇아서 나뭇가지에 걸리면 잘 찢어지니까 잠바 안에 입는 게 좋아요. 보온 효과도 훨씬 뛰어나고…."

등산 경험이 많은 인숙이는 산 일기 예보까지 확인하고 왔는데 나는 일기 예보조차 보지 않고 왔다. 적극적인 것 같으면서도 수동적인 나는 늘 누군가의 보살핌과 보호를 받고 싶어 한다. 준비성이 부족한 나를 돌아보며 친절을 베풀어주는 이웃 덕분에 큰 어려움 없이 산행을 할 수 있어 감사했다. 사람은 역시 혼자 존재할 수 없으며 더불어 살아가는 존재임을 다시금 깨닫는다.

밤새 내린 비로 촉촉하게 젖은 꽃들은 여느 때보다 생기발랄하다. 이른 아침 오가는 등산객들의 사랑을 듬뿍 받으며 웃고 있는 꽃들이 너무 사랑스럽다. 수많은 생명을 값없이 길러내는 자연, 그 너그럽고 위대한 마음은 매 순간 삐거덕거리며 흔들리는 내 좁은 소견을 내려놓으라 한다. 키 작은 소나무야. 난쟁이 소나무야. 네게서 지혜를 배운다. 수많은 구름과 많은 산객들의 이야기를 실어 나르느라 바쁜 바람 덕분에 제 키를 마음껏 키우지 못한 소나무는 그저 바람이 이끄는 대로 몸을 흔들고 내리는 비에 푸릇푸릇 제 색을 유지하며 생을 이어간다.

중청에서 소청을 지나 희운각 대피소까지는 내리막의 연속이다. 다행히 비는 잦아들었다. 산 아래 걸쳐 있던 구름들은 높은 산을 넘느라 분주하고, 먼 길 나섰던 해는 거리를 좁혀오며 밝은 얼굴을 드러냈다.

8시 30분에 우리가 계획했던 공룡능선의 시작점인 희운각 대피소에 도착했다. 공룡능선은 한번 오르면 중도 탈출 없이 끝까지 가야 하는 코스로 6시간 정도 소요된다. 비도 그치고 인숙이 컨디션도 나아졌다. 우리 등력이면 공룡을 타기에 시간도 충분할 것 같았지만 젖은 등산화는 분명 걸림돌이 될 것이다. 나에게 공룡능선을 보여주고 싶다고 했던 인숙이의 두 번째 도전도 이렇게 공수표가 되어 날아가는 것인가, 출출하여 간식을 먹으며 공룡능선 오름에 대해 고민했다. 하지만 과유불급(過猶不及)이다. 정도를 지나침은 미치지 못함과 같다. 공룡능선은 다음 설악산을 찾을 명분으로 남겨두고 천불동 계곡으로 하산하기로 결정했다.

 천불동 계곡은 비선대에서 양폭 대피소 위쪽의 계곡이 시작되는 구간까지를 말하는데, 비선대에서 양폭 대피소까지는 3.5km이고 양폭 대피소에서 희운각 대피소까지는 2km 정도 된다. 천불동 계곡에 들어서면 불상과도 같은 기암괴석이 좌우로 길게 늘어서 있다. 귀면암을 지나 양폭에 이르는 길은 수려한 데다가 경사도 가파르지 않고 평평한 편이어서 비교적 오르기 쉽다. 그리고 속초시에서 접근성이 좋아 많은 사람들이 일반적으로 가장 많이 찾는 등산로이다. 그 등산로를 우리는 거꾸로 내려가는 것이다.

 햇살에 따끈히 데워진 편편한 방석 같은 바위를 하나 골라 신선놀음을 즐겼다. 차가움이 아닌 따스함을 전해주는 돌멩이의 온도를 느끼며 유리보다 맑은 물에 발을 담갔다. 저 높은 산에서 장애물 달리기를 하며 달려온 물은 얼음만큼 차가웠다. 단 몇 초도 담그고 있을 수가 없다. 끝없이 오르기만 할 것 같은 된비알과 하염없이 내림만 반복하던 너덜 길을 걸어온 발의 피로를 덜어주기에 계곡물은 최고였다.

 오후 2시쯤 소공원에 도착했다. 서울로 되돌아가는 산악회 버스는 5시에 출발한다. 버스를 타기에 너무 많은 시간이 남았다. 서늘한 바람에 창문을 활짝 열어놓은 카페에 들러 시원한 아이스커피를 마시며 오늘의 등산에 대해 얘기를 나누었다. 산이 있어 좋고 친구가 있어 더욱 좋고, 그곳에 우리의 이야기가 있어 행복한 시간이었다.

 횟수를 더할수록 그 매력에 빠져들게 하는 산. 산은 내가 보고 싶다고 매번 같은 모습을 보여주지 않는다. 늘 다른 모습을 보여주며 신비한 매력에서 빠져나오지 못하게 우리를 중독시킨다. 공룡능선에 대한 아쉬움은 남았지만 아름다운 설악산에서 우리의 삶도 붉게 물든 산행이었다. 이제는 내일의 또 다른 산행을 위하여 작은 짐을 꾸려야 할 시간이다.

운무에 가려진 신선대
몽환적인 풍경이 누구나 신선이 되게 한다

충청도

비를 뚫고 신선을 만나러 가다(신선봉)

 양지바른 곳에 진달래가 꽃봉오리를 터트리는 3월 중순이 지났다. 맑은 바람과 밝은 달이 있는 제천 신선봉을 가기로 약속한 날인데 전국적으로 비가 온다고 한다. 우중산행의 위험성을 생각하면 취소되어야 하지만, 폭우가 아니기에 예정대로 진행하기로 했다.

 인천시 부평구 계산동에서 아침 6시 30분에 우리를 안내할 대장을 만나기로 했다. 인천 지하철 1호선 원인재역 근처에 사는 친구와 5시 34분 첫 차를 탔다. 따뜻한 봄이 되어서일까, 하루를 일찍 시작한 부지런한 사람들이 제법 많았다.

 학교 다닐 때 멀리서 통학하는 아이들은 대체로 일찍 등교하고 가까이 사는 친구들은 지각을 자주 하곤 했다. 약속 장소에서 먼 거리에 있는 우리가 먼저 도착하고 청라 사는 은아가 합류했다. 예전 산악회 활동할 때 만났던 친구들로 가끔 만나 산행을 하며 인연을 이어가고 있다. 상남자처럼 생긴 대장이 손수 샌드위치를 만들어 왔다. 주부인 나도 새벽 일찍 일어나 간식을 만들기 귀찮아 사 오는데, 부지런한 대장 덕분에 맛있게 먹고 든든하게 채웠다.

 자연은 참 신비롭다. 겨울이 끝나가는 길목에서는 비를 내려 연둣빛 싹을 틔워주고, 가을의 끝자락에서는 바람을 보내 가진 걸 모두 내려놓으라 한다. 우주라는 거대한 수레바퀴는 그렇게 조화롭게 돌아간다. 봄비로 인해 차분해진 마음에 자연의 순리를 생각하며 학현체험 마을에 도착했다. "꼬끼오, 꼬끼오~" 목청 높인 장닭의 울음소리는 낯선 우리를 반겨주는 것일까, 보이지 않는 해님을 재촉하는 것일까. 계속되는 울음소리에 짜증이 난다는 은아와 오랜만에 듣는 우렁찬 소리가 반가운 나. 우리는 너무 많은 것을 분별하며 살아간다. 그래서 마음속 갈등이 끊이지 않고 일어나는 것은 아닐까? 이분법적 사고가 아닌 사물을 있는 그대로 바라볼 수 있는 관조의 힘이 필요함을 느낀다.

 "우산 안 가져왔어?"
 "응, 언니가 가져온 우의 입을래."

 우산을 쓸까, 우의를 입을까. 우산은 들고 다녀야 한다는 불편함이 있고, 우의는 보온력이 뛰어나 걷다 보면 금방 더워진다. 한참을 고민하다가 쌀쌀한 날씨를 감안해 우의를 입기로 했다. '순간의 선택이 평생을 좌우한다'라는 광고 문구가 생각난다. 삶은 늘 선택의 연속이다. 어떤 선택을 하느냐에 따라 드러나는 결과는 천차만별이기에 사소한 것이라도 신중히 결정하는 습관을 들이는 것은 아주 중요하다.

  수분을 잔뜩 머금은 구름은 하늘을 가득 메우고 요정 같은 빗방울을 보내 깊은 잠에 빠진 새싹들을 깨운다. 이제 막 일상을 벗어났을 뿐인데 졸졸졸 흐르는 계곡 물소리와 함께 몸도 마음도 산뜻하다. 정겨운 마을 길에서 여정을 시작했다. 여느 시골에서나 지날 수 있는 밭둑을 따라 편하게 걷다 보니 신선봉 이정표가 보인다.

등산로를 알려주는 이정표
삶에도 행복으로 가는 방향을 알려주는 이정표가 있다면…

지난가을 떨어진 낙엽들은 등산객들의 발길이 뜸했음을 말하며 수북하게 쌓여 있다. 이처럼 폭신폭신한 산길을 만나면 어느 아름다운 산책로를 걷듯 마음이 무한정 황홀해지지만, 울퉁불퉁한 바윗길이 나타날 때면 인생살이 고단할 때가 생각난다.

사회생활에 규칙이 있듯이 산악회 단체 산행에서도 어겨서는 안 되는 규칙이 있다. 그중 하나가 절대 대장을 앞질러 가지 않는 것이다. 산행의 총책임자인 대장과 산우들은 서로의 안전을 최우선으로, 배려하면서 산을 탄다. 대장을 선두로 서로의 보폭을 맞춰 오르다 보니 어느덧 신선봉까지 1km 남았다. 산행에 대한 의견도 나누고 잠시 쉬어 가기로 한다. 이번 산행은 미인봉에서 학봉을 거쳐, 신선봉으로 하산할 계획이었다. 하지만 많지 않은 양의 비가 계속 내리고 있어 일단 신선봉까지 가서 기상 상태를 보고 결정하기로 했다.

연둣빛 작은 주머니에 들어 있는 이름 모를 벌레의 알, 까만 나무 기둥에 계단처럼 돋아난 하얀 버섯, 자연이라는 조각가가 빚어놓은 최상의 작품들이다. 제멋대로 생긴 것 같지만 생명을 이어가기에 가장 적합한 모양과 색깔이다. 뿌리내린 곳에 따라 다양한 자태로 서 있는 나무들, 화려하지 않지만 수수한 모습의 야생화, 그 속에 무수히 많은 풀. 사람의 손길에 인위적으로 꾸며진 도시에 비해 산은 온통 순수하고 자연스러운 것들투성이다. 그 속에서 나도 순수한 자연이 된다. 그래서일까. 산에 오면 마음이 편하다.

계속되는 오르막은 끝날 줄 모르고 이어진다. 내리는 비에 묵직한 다리도 쉴 겸 잠시 걸음을 멈춘다. 돌아보니 발 없는 안개가 우리에게 길을 내어주길 재촉하며 바짝 따라붙었다.

드디어 845m 신선봉 정상에 도착했다. 정상부는 참나무를 비롯한 잡목이 우거져 탁 트인 조망은 없다. 등산객들의 간절한 소망과 숱한 이야기를 담고 묵묵히 정상을 지키고 있는 돌탑이 우리를 반긴다. 산에 대한 무한 애정으로 궂은 날씨도 마다 않고 달려온 산객들에 대한 예우일까, 안개가 길을 터주고 맑아졌다. 잠깐 드러난 맑음에 신선봉에서 바로 하산하기는 아쉽다는 의견들이 다수여서 학봉까지 가기로 결정했다.

신선이 노니는 모습은 인간의 영역이 아니니 더 이상 욕심내지 말라며 안개로 가려버린 듯 다시 시야가 흐려졌다. 탁 트인 조망이 있었다면 주변의 산들과 멋진 풍광들을 마음껏 보았을 텐데 아쉬움이 크다. 신선봉에서 능선을 따라 조금 걷다 보면 학봉이다. 학봉 가는 길에 안개 사이로 어렴풋이 모습을 드러낸 암봉들, 그 꼭대기에 올라서서 각자의 포즈대로 인생 숏을 찍어 본다.

학봉 조망터인 데크에서 육신의 눈을 감고 마음의 눈을 떠본다. 한 치 앞만 보고 달리는 일상에서 벗어나 멀리까지 시선을 보내니 멀어진 거리만큼이나 마음이 넓어지는 것 같다. 맑은 날 보았다면 통통 튀었을 감정들이 바닥에 자욱이 깔린 안개처럼 내려앉는다.

신선봉에서 학봉으로 가는 능선에서
나무도 사람도 저마다의 아름다움과 멋이 있음을 기억하자

 늘 동동거리고 서두르며 사느라 놓치는 것들을 천천히 돌아보라고 산이 얘기하는 것 같다. 아침과 저녁이 다르고 늘 변덕쟁이인 것 같지만 늘 한결같은 산, 삶의 다양한 변수들 속에서 한결같이 살라고 말해준다.

잠시 소강상태를 보이던 비가 다시 내리기 시작했다. 아까보다 더 많이 내린다. 출출한 배를 채우기 위해 전망대 데크에 비닐 천막을 쳤다. 은아가 겨우내 꽁꽁 언 땅속에서 무던히도 애쓰며 자랐을 냉이를 된장에 묻히고 전을 부쳐 왔다. 향긋한 나물 한 젓가락에 내 안은 봄으로 가득 채워진다. 손 많이 가는 동그랑땡과 어묵을 듬뿍 넣고 끓인 라면. 시장이 반찬이라 황후의 식탁보다 푸짐하고 든든하다.

점심 식사 후 전망대 오른쪽으로 하산하기로 했다. 올라온 길이 두 다리의 힘이었다면 내려가는 길은 두 팔의 힘이 절실히 필요하다. 굉장히 가파른 암릉에 밧줄 구간이 우리를 기다리고 있기 때문이다. 비가 와서 바위가 젖었지만, 그리 미끄럽지는 않았다.

제천 학생 수련장으로 하산했다. 어느 곳이나 그렇지만 제천은 좋은 산들이 많이 있다. 기암괴석을 병풍처럼 펼쳐놓은 금수산, 수려한 경관을 자랑하는 내륙의 바다 청풍호를 내려다보며 나란히 이웃한 동산과 작은 동산, 모두 다 올라보고 싶은 산이다. 오늘 오르지 못한 산과 이웃한 산들에 대한 아쉬움을 봄날 다시 오자는 약속으로 남긴다.

산은 모든 걸 끌어안을 만큼 넓고, 무엇이든 헤아려줄 만큼 깊고, 온 세상 굽어보도록 높다. 그 넓고 깊은 품을 가진 산에는 다양한 동식물들이 귀한 생명을 이어가고 있다. 감사하게도 그 소중한 자연에서 가장 큰 혜택을 받는 건 바로 우리다. 그러기에 우리는 자연을 보호해야 할 의무와 책임이 있다.

내리는 빗속을 뚫고 우리는 또 하나의 경험을 행복의 책장에 기록으로 남겼다. 삶의 어느 길에서 마주하게 되는 빗속에서도 우리의 기록은 멈추지 않을 것이다.

수려한 경관과 비경에 반하다(제비봉)

　월악산 제비봉은 암릉과 육산의 두 가지 모습을 선명하게 보여준다. 나의 우유부단한 성격에 비해 또렷한 그 모습이 너무 좋았고 닮고 싶었다. 구담 옥순봉과 그 주변 산빛에 충주호가 물들어 짙은 초록을 간직하듯 제비봉의 수려한 경관과 솔직함에 물든 산행이었다.

　인천에서 단양은 그리 멀지 않다. 일출 산행이 아니기에 서두를 필요 없이 가벼운 마음으로 길을 나섰다. 충주호의 풍광을 보러 간다는 생각에 나들이 간다는 느낌이 더 컸다. 6시에 동막역 평생학습관에서 출발하여 8시 30분쯤 장회나루에 도착하였다. 넓은 주차장과 깔끔한 화장실, 한산한 전망대가 주는 첫인상은 '편안함'이었다.

　제비봉 산행은 장회리 장회나루에서 출발해 정상에 오른 뒤 다시 원점 회귀하거나 반대편 얼음골로 내려가는 것 이렇게 2가지 코스가 일반적이다. 5km 거리로 넉넉잡아 3~4시간이면 족하다. 그런데 우리는 정상에서 인증하고 원점 회귀하는 데 4시간 25분이나 걸렸다. 충주호 푸른 물과 암릉이 빚어낸 풍광을 감상하느라 머문 시간이 길었기 때문이다.

 장회나루 인근 제비봉 공원지킴 관리소를 들머리로 산행에 나섰다. 남한강을 등지고 오르는 산길은 초입부터 매우 가파르다. 통나무 계단을 다 올라서면 다시 왼쪽과 오른쪽으로 경사가 매우 가파른 급사면이 이어진다. 제비 날개를 타고 가는 길이다. 봉우리의 동쪽, 남쪽, 북쪽 등 세 방향의 시야가 탁 트여 고된 오르막에 대해 보상을 해주는 듯하다.

 숨이 턱에 차고 허벅지가 뻐근하지만 아름답게 휘어진 소나무들이 반기는 암릉 길마다 전망대가 따로 없다. 철제 난간으로 이뤄진 나무 계단은 아찔하지만 환상적인 풍광을 내어준다. 오성암 갈림길을 지나면 암릉이 떠받친 나무 계단이 연속으로 이어진다. 잠시 숨을 고르는 틈을 타 뒤돌아본 풍광이 잠자던 오감을 깨워 탄성이 절로 나온다.

 암릉마다 분재 같은 소나무들이 여기저기에 자리 잡고 있다. 월악산과 자연이 정성스럽게 키운 소나무는 척박한 바위에 붙어 바람결 따라 휘어진 자태가 아주 멋스럽다. 양옆 학선이 골과 다람쥐 골의 절벽이 어지러울 정도로 아찔하다. 첫 번째 안내판(제비봉 1.3km, 매표소 1km)에서 수림 지대를 거쳐 삼거리에서 학선이골 방면으로 들어서자 전망 바위가 나타난다. 푸른 산, 맑은 물 어느 것 하나 부족함이 없는 풍경이 눈앞에 펼쳐진다. 모난 감정이 다스려지고 복잡하게 얽혀 있던 생각들이 풀리기도 한다. 오르다 보면 자연스레 산과 하나가 되는 길, 정성스럽게 빚어 소중하게 품고 있던 보석 같은 풍경을 보여준다.

제천 쪽으로 향하는 물길이 크게 휘어지는 곳, 왼쪽에 우뚝 솟은 봉우리가 구담봉이다. 강물에 비친 기암절벽이 거북 등껍질을 닮았다고 붙여진 이름이다. 그 웅장하고 당당한 모습은 예부터 숱한 시인 묵객들의 풍류의 대상이 됐다. 산 위에서 보니 더욱 옹골차다.

제비봉 등산로 대부분이 훌륭한 전망대다. 각도와 높이에 따라 시시각각 변하는 산의 얼굴과 호수의 풍경이 눈을 즐겁게 한다. 하늘과 충주호와 여름 산이 조화를 이루고 그 속에서, 나무와 바위가 어느 것 하나 치우침 없이 조화롭다. 그 아름다운 풍광을 보면서 어찌 마음이 좁아질 수 있을까? 단풍이 물드는 가을에 한 번쯤은 더 봐야 할 명작(名作)이다.

가파른 된비알의 암릉 구간이 끝나고 부드러운 육산이 시작된다. 육산이라 하여 암릉 구간과 크게 다르지 않다. 단지 그 모양만 바꿨을 뿐 세운 몸을 낮춰주지는 않는다. 내륙에 자리 잡은 산이기에 그 심장에 흐르는 물소리는 들을 수가 없다. 하지만 따뜻한 가슴에 품은 사랑이 촉촉함으로 드러나 시원함이 느껴진다. 크고 작은 돌들이 부드러운 흙 속에 자리를 잡아 질퍽거림은 없지만 미끄러워 하산 길에선 정말 조심해야 할 것 같다.

"와, 이 나무 봐봐."
"둘이 안아도 한 품에 다 들어오지 않아."

제비봉은 나무의 길이로 서로의 영토를 갈라놓은 듯하다. 소인국에서 작은 사람들을 보고 온 걸리버가 대인국의 거인을 만난 듯 신기하다. 길지 않은 등산 코스에 두 가지 얼굴을 보여주며, 동전의 양면처럼 분명하게 갈리는 그 모습이 당혹스럽기도 하고 신비롭기도 하다.

제비의 날개 같은 제비봉
한 마리 제비가 되어 날아오르고 싶다

단단한 바위에 뿌리내리고 있던 분재 같던 나무들. 그 나무들은 난쟁이처럼 작았지만 단단함이 느껴졌다. 그에 비해 육산의 나무들은 고개를 한껏 젖혀도 끝이 보이지 않을 정도로 키가 크다. 작은 나무들을 지켜주는 형들처럼 듬직함이 느껴졌다. 주어진 상황에 맞춰 자라는 나무들. 그들은 투덜거리지 않는다. 자연에 순응하며 묵묵히 삶을 이어가고 있다. 그 묵묵함을 솔직하게 보여주는 숲에 고개가 숙여지고 마음이 숙연해진다. 이 순간만큼은 내 안에 숨은 것들도 드러내 보여야 할 것 같다.

정상까지 이제 800m만 가면 된다. 계속되던 오르막이 얼굴을 바꿔 내리막을 보여준다. 정상을 향하는 길에 나타나는 내리막은 그리 반갑지만은 않다. 내려간 만큼 다시 올라야 하기 때문이다. 차라리 계속되는 오르막으로 얼른 정상에 닿았으면 하는 마음이 간절하다.

9시부터 산에 오르기 시작하여 3시간 만에 정상에 닿았다. 정상에는 등산객들이 제법 많았다. 특히 레깅스 차림의 20대 젊은 친구들이 많았다. 등산은 얼마 전까지만 해도 50~60대 중년의 전유물이었다. 그러나 점점 산을 좋아하는 연령층이 낮아지고 있다. 모델처럼 차려입은 생기발랄한 친구들을 보니 질투가 날 정도로 예뻤다. 그 시절 나는 뭘 하고 놀았나 하는 꼰대 생각에 젖기도 했다. 정상에는 충주호 경치를 볼 수 있는 전망대와 앉아서 쉴 수 있는 나무 의자들도 제법 많았다. 뿔뿔이 흩어져 간식을 즐기는 사람들의 표정은 봄날의 벚꽃처럼 화사했다.

 가파른 길을 한 걸음 한 걸음 올라 정상에 오른 자들이 누릴 수 있는 성취감, 이 산을 오름으로 다른 산도 오를 수 있다는 자신감, 저 멀리 호수와 마을이 내 발아래 있으니 부족할 게 없다는 든든함. 그 벅찬 감동이 몸 안의 탁한 기운들을 몰아내고 빈자리에 하늘의 푸르름과 산의 싱그러움을 채웠다. 그 에너지는 삶이 고단하다고 느낄 때마다 새로운 힘을 주며 위로를 줄 것이다.

 제비봉은 등산의 진정한 재미를 알지 못하는 이들, 등린이들에게 추천해주고 싶은 산이다. 초입부터 급하게 치고 올라 힘들긴 하지만 그 길 끝에서 만나는 절경은 어떤 산보다 멋있기 때문이다. 마약과도 같은 강한 중독성을 가진 비경을 본 이들은 산의 매력에 빠질 수밖에 없다.

 정성껏 준비한 간식을 먹고 하산을 서둘렀다. 급한 경사가 계속되는 하산 길에는 스틱을 들고 무릎 보호대를 하길 권한다. 다리에만 집중되는 무게를 분산시켜 무릎을 보호하고 오랫동안 산을 탈 수 있도록 도와주기 때문이다. 자주 내린 비로 인하여 바위도, 나무뿌리도, 심지어 흙길마저 미끄러웠다. 손에 들고 다니는 것이 불편해서 스틱을 사용하지 않는다는 학무에게 스틱의 중요성과 사용법을 알려주고 내 스틱을 하나 주었다. 스틱은 한 사람이 세트로 사용해야 하지만, 오늘은 어쩔 수 없이 나눠서 사용하기로 했다.

 정상을 오르면서 뒤돌아보던 풍광과 하산 길에서 만난 경치는 분명 같은 모습 다른 느낌이었다.

제비봉에서 바라본 충주호, 구담봉, 옥순봉
산수의 조화로움이 탄성을 지르게 한다

 오르면서 놓치지 않고 보았던 모습이었는데 마주하며 내려오니 더 새롭고 아름다웠다. 구담봉과 옥순봉, 주변 산빛이 담긴 충주호, 그 초록의 싱그러운 에너지가 카메라의 저장 공간과 우리의 마음에 추억이 되어 차곡차곡 쌓인다.

맑은 물을 좋아하며 살에서 수박 향이 은은하게 풍기는 은어라는 물고기가 있다. 약한 동물들이 강한 포식자로부터 살아남기 위해 보호색을 띠듯이 은어도 서식지의 물빛과 닮은 색을 입고 있으며, 태어난 곳의 물 냄새를 품고 있다고 한다. 산에서 마냥 행복한 나도 은어처럼 태어난 곳의 산 냄새와 산빛을 품고 있는 것일까. 산과 호수가 제철의 제빛을 드러내듯이 이번 산행은 내가 품고 있던 것들이 고스란히 드러난 산행이었다.

경상도

스무 살 첫 산행, 사랑을 만나다(지리산 1)

20대 첫사랑에 대한 기억을 언어로 표현한다면 어떤 단어가 어울릴까? 한 입 베어 물면 초록의 상큼함이 온몸을 감싸는 풋풋한 사랑, 꺼지지 않는 모닥불처럼 타오르던 뜨거운 사랑, 까만 밤을 하얗게 지새우며 수없이 불러보았던 이름, 그 가슴 떨리는 사랑. 시대에 따라 사랑 표현법도 달라지지만, 그때는 그랬다. 30년 전 사랑 표현법은 조금 촌스러웠다.

많은 세월이 흘러 일상의 모든 것들이 심드렁해진 50대 여인의 첫사랑의 기억을 살짝 훔쳐보자.

"미스 나, 지리산 갈래?"
"지리산이요?"
"응, 한마음 산악회에서 6월 6일 현충일 연휴에 지리산 종주한대. 금형실에 근무하는 오빠가 가자고 하는데, 나도 아는 사람이 별로 없어서 어색할 거 같아서. 같이 가자."

 "등산을 안 해봐서 산도 잘 못 타는데… 종주라면 더더욱 자신 없어요."

 "괜찮아, 나도 산 잘 못 타. 그냥 오빠 믿고 가는 거야."

 "그럴까요? 그럼. 지리산 한 번도 안 가봐서 두렵고 자신 없지만 언니 믿고 가볼게요."

 나순정에게 제대로 된 등산은 지난겨울 눈꽃을 보기 위해 다녀온 한라산이 전부였다. 고등학교 절친인 명숙이가 근무하는 회사 산악회를 따라갔다 왔다. 한라산 정상의 눈 덮인 백록담과 파란 하늘, 햇살에 빛나던 상고대가 너무나 멋있었다. 지리산이 처음이라 금희 언니에게 엄살을 부리긴 했지만, 한라산을 거뜬히 다녀온 나순정에게 첫 산행에 대한 좋은 추억은 지리산에 대한 기대와 설렘을 갖게 했다.

 나순정은 어려서부터 체력에서는 누구에게도 뒤지지 않을 만큼 건강했다. 산을 하나 넘어야 도착하는 초등학교, 먹거리와 즐길 거리가 마땅찮았던 어린 시절, 틈만 나면 친구들과 어울려 짠대(잔대의 경상도 사투리)를 캐기 위해 들과 산으로 쏘다녔다. 찬 바람이 불어 마른 나뭇잎이 대지를 덮는 가을에는 깔꾸리(갈퀴의 경상도 사투리) 하나 들고 높은 산으로 땔감을 구하러 다니기도 했다.

 그녀의 고향인 경상북도 상주는 자전거가 주요 이동 수단이며, 집

집마다 식구 수대로 자전거를 보유하고 있었다. 그녀가 졸업한 중학교는 자전거로 40분이나 걸리는 시내에 있었다. 버스가 하루에 3번밖에 운행하지 않는 동네에 살았던 나순정에게 버스 통학은 꿈도 꾸지 못할 일이었다. 이런 생활환경이 그녀를 더욱 건강하게 만들어주었다.

나순정은 한마음 산악회 정회원은 아니지만, 산악회 회원들은 대부분 생산부서 남자 사원들로 구성되어 있다고 들었다. 여직원이 아닌 다른 부서 남자 직원들과 개인적인 교류가 많지 않은 나순정은 지리산 등산이 약간 부담스러웠다. 하지만 총무부 이금희 씨와 그의 오빠가 간다니까 그리 걱정하지 않아도 될 것 같아 마음이 놓이긴 했다.

6월 5일 저녁 7시 30분, 회사 앞 주차장에는 45인승 대형 버스가 우리를 기다리고 있었다. 야간 행군을 떠나는 군인들처럼 저마다 키 높이나 되는 배낭을 메고 하나둘 모이기 시작했다. 초대받지 않은 손님처럼 뻘쭘하게 버스에 오른 나순정은 빠른 시선으로 차 안을 둘러보았다. 예상했던 대로 생산부서 남자 사원들이 대부분이었다. '지리산 종주가 그리 재미있지는 않겠네'라며 절망적인 생각을 하는 나순정에게 지난 4월 퇴근길에 차를 얻어 탔던 최대웅이 보였다. 나순정은 내심 반가웠지만 먼저 아는 척하지 않았다.

이금희 씨와 나순정은 버스 중간쯤에 자리를 잡고 앉았다. 새벽 산행을 위해 조용히 휴식을 취하는 사람도 있고, 몇몇은 뒷자리에 옹기종기 모여 소주잔을 기울이기도 했다. 어둠이 내려앉은 도로에 가로등이 켜지고 버스는 구례를 향하여 거침없이 달렸다.

완연한 초록이 더없이 싱그러운 지리산, 넓은 어미 품 같은 푸근함과 너그러움을 가진 산은 찾아온 많은 이들을 차별 없이 반겨주었다. 알록달록 저마다의 색깔을 드러내며 대장을 따라 산을 오르는 모습이 마치 어미 오리의 뒤를 따르는 새끼 오리 같았다. 사람마다 능력이 다르고 체력이 다르기에 전체 구성원이 하나가 되어 움직일 수는 없다. 지리산을 찾은 많은 등산객 속에서 한 줄로 서서 보기 좋게 걷던 대열은 어느새 사라지고, 앞서거니 뒤서거니 하던 우리 일행도 결국 선두 그룹과 후미 그룹으로 나누어졌다. 나순정과 최대웅은 선두 그룹에 속했다.

동트기 전 새벽 미명 속에서 시작된 산행에서 동료들 간의 결속력은 굉장히 중요하다. 들머리에서 날머리까지 같이 올라간 모든 일행이 별 탈 없이 무사히 내려와야 한다. 그러기에 제 식구 챙기기는 그 어느 활동보다 중요하다. 산악회 단체 등산은 합창과 같아서 산을 잘 탄다고 혼자서 앞질러 갈 수 없고 마지막 한 사람까지 챙겨야 한다. 그것은 비단 대장만의 몫이 아니라 전체의 몫이다.

산이 좋아 산에서 만난 사람들은 산 자체로 모두 하나가 되며 격의 없이 빠르게 친해진다. 후미를 기다리며 휴식을 취하는 시간에, 준비해 온 간식도 나눠 먹고 서로 사진도 찍어준다. 그러는 사이 어색함은 이내 사라지고, 오랫동안 친하게 지내온 친구처럼 자연스럽게 가까워진다.

하루치의 산행이 마무리되어 야영할 곳에 도착했다. 어두워지기 전 텐트를 쳐야 하기에 남자 직원들은 바쁘다. 나머지 사람들은 저녁을 준비하며 후미를 기다린다. 다행히 어둡기 전에 도착한 후미 그룹과 하나로 뭉쳐진 우리는 공동체 의식과 끈끈한 의리 같은 것이 생기기 시작했다. 지리산의 첫날은 피곤함과 흥겨움을 남기며 그렇게 저물어간다.

"라면 안 먹어요?"
"네, 안 먹어요. 생각 없어요."
"피곤할수록 잘 먹어야 해요. 나와요. 같이 라면 먹게…."
"싫어요. 내일을 위해서 일찍 자는 게 좋을 것 같아요."
"아이, 그러지 말고 얼른 나와요. 안 나오면 나도 안 먹을 거예요."
"먹기 싫으면 안 먹으면 되지, 왜 내가 안 먹는다고 같이 안 먹는다고 그래요?"

최대옹은 기어이 나순정에게 라면을 먹이고 아빠 같은 미소를 지으며 기뻐하였다.

2박 3일의 지리산 종주는 나순정에게 잊지 못할 추억이 되었다. 우리나라에서 제일 높은 한라산(1,950m)에 이어 두 번째로 높은 지리산(1,915.4m)을 다녀왔다는 것으로 큰 성취감과 자부심을 느꼈다. 노고단에서 시작된 종주는 능선을 따라 크고 작은 봉우리 10여 개를 넘어야 한다. 유순하고 편안하던 산길이 울퉁불퉁한 바위를 드러내며 얼굴색을 바꾸고, 급하게 올라채는 된비알과 직벽에 가까운 내리막을 오르내리다 보면 정말 포기하고 싶은 생각이 절로 들었다. 그때마다 나순정은 자신과 동료들에 대한 강한 믿음을 되새기곤 했다.

한 고개 넘으면 또 한 고개가 떡하니 버티고 있다. 절망스러운 나순정의 마음과 상관없이 오르막과 내리막이 함께 공존하는 산은 굉장히 정직하다. 힘겹게 올라간다고 한없이 올라가지도 않는다. 수월한 내리막이라고 언제까지나 내려가지도 않는다. 쉬지 않고 열심히 걸은 만큼 정상에 가까워진다는 것은 변할 수 없는 진리이다. 나순정은 이번 산행을 통해 자연과 인간의 솔직함에 매료되었다. 산이 인간에게 주는 거짓 없는 진솔함과 본인의 노력을 눈으로 확인할 수 있다는 것은 참으로 매력적이다. 지리산 종주를 통해 얻은 깨달음은 인생을 살면서 되새겨보아야 할 큰 가르침이다. 그리고 무엇보다 좋았던 건 힘든 산행을 같이한 동료들과 주고받은 끈끈한 정이다. 늘 사랑에 목마른 나순정의 마음에 형언할 수 없는 뭔가가 채워지는 것 같았다.

지리산 종주 후 쉴 시간도 없이 시작된 월요일 아침, 여느 때처럼 새벽에 일어나 통근 버스를 타고 출근을 한다. 8시 시작된 업무가 2시간이 지나면 쉬는 시간이다. 늘 그랬듯 금형실에서 근무하는 최정임 언니랑 자판기 커피를 마시며 수다를 떤다. 10분의 짧은 일광욕으로 비타민을 충전하는 사이 주차장 한편에서는 생산부서 직원들이 족구를 하고 있다. 그런 나순정의 눈에 최대웅의 얼굴이 보였다. 우리 회사 직원인 줄도 모르고 차를 얻어 탔던 최대웅, 지리산에서 기어이 라면을 먹여 다음 날 눈두덩이 퉁퉁 부어 밤탱이가 되게 만들었던 최대웅. 그 남자가 나순정의 경계선 안으로 들어왔다.

밤하늘의 별이 된 춘근이(지리산 Ⅱ)

7월 어느 날 텔레비전에서 사근사근한 목소리의 아나운서가 일기예보를 전해주고 있다. 중부지방을 기준으로 34년 만에 가장 늦은 '지각 장마'가 시작되었다고. 시작과 동시에 많은 양의 비가 강하게 내리는 만큼 철저한 사전 대비가 필요하다고 말한다. 갑작스러운 장마 소식은 4년 전 쏟아지는 물 폭탄에 결국 정상인 천왕봉을 포기하고 거림으로 급하게 하산했던 지리산으로 나를 데려간다.

2017년 나를 본격적인 등산 마니아로 만들어준 고등학교 동창인 인숙이와 그녀의 초등학교 동창인 춘근이, 셋이서 지리산을 다녀왔다. 그때는 장마가 끝나고 늦더위가 기승을 부리던 8월이었다. 급변하는 날씨에 쫓기듯 벌벌 떨며 내려온 그날의 산행은 고단한 삶에 지칠 때 오히려 위로가 되는 더욱 특별하고 의미 있는 기억으로 남아 있다.

"미숙아, 지리산 갈래?"

"지리산? 내가 갈 수 있을까?"

"천천히 가면 되지, 춘근이가 있으니까 걱정 안 해도 돼."

영주에서 기차를 타고 올라온 춘근이를 용산역에서 만났다. 춘근이는 휴식 시간도 없이 우리와 함께 구례구역으로 가는 기차를 바꿔 탔다. 기차를 타는 순간 이미 여행의 즐거움은 시작된다. 직접 경험해보면 별거 아니라는 걸 알지만 겪어보기 전에는 왠지 모를 설렘과 기대감이 있는 것들이 있다. 야간열차가 그렇다.

고등학교를 졸업하고 취업한 회사에서 산악회 회원들과 지리산 종주를 했었다. 그때에 이어 30년 만에 하는 두 번째 종주다. 이번 우리의 일정은 첫날 성삼재에서 출발하여, 연하천 대피소에서 점심을 먹고 세석 대피소까지 이동한다. 다음 날 천왕봉 일출을 보고 하산할 예정이다.

세석 대피소까지 20.4km로 거리가 꽤 멀다. 새벽부터 부지런히 오르려면 체력을 보충해두어야 한다. 좁은 좌석에서 최대한 편안한 자세를 취해 잠을 청해보지만 잘 수가 없다. 기차라는 특수성을 감안하더라도 중간중간 역에서 오르고 내리는 사람들의 웅성거림은 나를 토끼잠을 자게 만들었다. 자는 둥 마는 둥 하며 잠을 설치던 이른 새벽, 가장 깊은 어둠 속, 기차는 구례구역에 멈춰 섰다.

구례구역에서 택시를 타고 노고단 주차장에 도착하니 4시 40분이었다. 인적이 없는 드넓은 공간에 바람이 몰고 온 안개와 새벽 냉기는 한여름의 더위에도 아랑곳하지 않고 몸과 마음을 쪼그라들게 했다. 매번 처음처럼 적응되지 않는 한기를 떨쳐내며 신발 끈을 조이고 마음도 단단히 한다. 잘 올라보자고… 스틱의 길이를 조절하고 헤드 랜턴으로 불을 밝히며 가파른 언덕을 오르기 시작했다.

우리는 보이지 않는 미래에 대해 자주, 나도 모르는 사이, 어쩌면 늘 두려움을 안고 살아간다. 미래를 보여주는 마법의 구슬이 있다면 현명한 선택을 하며 잘 살 수 있을 거라는 착각을 하며 말이다. 하지만 가끔 모든 것이 너무나 선명할 때 더욱 두려울 때가 있는 법이다. 손에 닿지 않는 먼 곳을 가려주는 안개가 필요한 순간이 있기 마련이다. 나의 두려움이 의미가 없다는 것을 가르쳐주기라도 하듯, 짙은 안개는 오히려 고마운 존재가 되었다. 너무 가파른 길이기에 당장 발밑의 한 걸음에 집중하는 것이 훨씬 수월하게 산을 오를 수 있는 길이기 때문이다.

이번 산행은 완전 먹방 산행이다. 지난번 인숙이가 아들 건우와 지리산을 왔을 때 먹거리가 부족해서 고생했던 적이 있다고 했다. 그래서 모든 걸 넉넉하게 챙겨왔다. 연하천에 도착하여 라면을 끓이는데 눈이 시리고 아파서 도저히 뜨고 있을 수가 없었다. 염치 불고하고 무거운 눈꺼풀 속에 미안함을 감추고 곯아떨어졌다. 얼마나 잤을까, 깨우는 소리에 일어나 라면을 먹었다. 같이 피곤했을 텐데 짜증 부리지 않고 식사 준비를 해준 친구들의 수고로움과 고마움은 라면의 맛을 배가 되게 해주었다. 노고단 휴게소에서 삶은 계란 하나로 요기를 한 우리는 배가 많이 고팠다. 인숙이가 챙겨 온 총각김치와 신라면, 끝내주는 조합에 게 눈 감추듯 먹어 치웠다. 그날 먹었던 총각김치의 아삭거림은 아직도 입 안에 침이 고이게 한다. 소박한 일상이 호사가 되고 작은 배려가 가장 큰 선물이 되는 것은, 때론 거친 자연 앞에 온전히 나와 타인만을 의지하며, 서로를 단단하게 잡아주는 시간이 있기에 가능한 것이 아닐까.

  벽소령 대피소에 도착했을 때 춘근이가 도저히 갈 수가 없다고 손사래를 쳤다. 부족한 잠이 등에 멘 배낭만큼이나 무거운 발걸음을 멈추게 한 것이다. 대피소 안에 들어가 발 뻗고 편히 잘 형편은 아니었다. 나무 데크에 돗자리 하나 깔고 배낭을 베개 삼아 40분가량 잤다. 어두워지기 전에 세석산장에 도착해야 하는데 낮잠으로 예상보다 시간이 지체되었다. 하지만 어쩔 수 없다. 무리한 산행은 사고로 이어질 수 있기에 적당한 휴식은 등산에 절대적으로 필요하다. 대신 평지에서 서둘러 걸으면 된다.

  워낙 크고 종주를 하는 사람이 많아서일까? 지리산은 휴식이 필요한 적절한 거리에 대피소가 잘 운영되고 있다. 대피소는 등산객들에게 많은 편의 시설을 제공해주고 있다. 식수를 보충할 수 있기에 무겹게 물을 지고 다니지 않아도 된다. 대피소 안에 취사장이 있어 라면이든 밥이든 끼니를 해결할 수 있다. 그리고 재래식에 암모니아 냄새가 고약하긴 하지만 화장실이 비치되어 있다는 것은 여성 등산객들에게는 어떤 편의 시설보다 꼭 필요한 것이다.

노고단에서 바라본 반야봉
구름과 구름 사이로 떠오른 해가 더없이 반갑다

이렇게 긴 산행에서는 준비물이 아주 중요하다. 배낭 속 물품은 위험에 대비해 자신을 지켜주는 보건소와 같은 역할을 한다. 꼭 필요한 것을 더하지도 덜하지도 않게 챙기는 지혜가 필요하다. 하지만 나는 원정 산행을 거의 하지 않아, 등산 장비들이 턱없이 부족했다. 얼마나 큰 가방을 사야 하는지 전혀 감이 잡히지 않았다. 내 덩치만 한 가방을 메고 뒤로 자빠지는 상상까지 하며 생각만 많아졌다,

하지만 최선의 선택이 있지 최고가 어디 있을까. 늘 아쉬움과 미련이 남을 수 있기에 적정선에서 타협점을 찾아 빠른 선택을 하려 노력했다. 그렇게 좋은 선택을 향한 간극을 줄여나가며 다음엔 좀 더 나은 등산을, 또는 좀 더 나은 삶을 살게 되는 것이 현명한 방법이라 생각해본다.

저녁 식사 거리인 쌀과 야채, 고기까지 웬만큼 무게가 나가는 것들은 춘근이에게 몰아주었다. 착하고 순진한 춘근이는 우리의 요구를 마다하지 않고 모두 다 들어주었다. 무겁다, 힘들다는 투정 한번 부리지 않고 묵묵히 그 짐을 지고 걸었다. 인숙이와 나는 각자 준비한 여분의 옷들과 간단한 행동식으로 가방을 채웠다. 그래도 그 무게가 만만치 않았다.

"우리 가방에 나눠서 들까?"
"아냐, 괜찮아."

앞서가던 춘근이가 힘이 드는지 몸을 수그리고 무릎을 짚고 서 있다. 등이 굽은 할머니처럼 그렇게 한참을 서 있다. 가방을 등에서 내렸다가 다시 매려면 더 힘들기 때문일까? 짐을 풀고 잠시 쉬었다 가자고 해도 괜찮다며 웃는다. 더 이상 짐을 나눠 들자고 조르지 못했다. 우리 짐도 무거웠을 뿐 아니라 더 들어갈 틈이 없었기 때문이다. 웬만한 아이 하나를 지고 가는 듯한 춘근이의 뒷모습에서 그의 삶의 고단함과 무게감마저 느껴졌다.

노고단에서 맞이한 일출
노고단은 천왕봉, 반야봉과 함께 3대 봉의 하나야

　초록의 싱그러움과 이파리에 떨어지는 빗소리를 배경음악처럼 들으며 걸었던 하루가 저물어가고 있다. 시계는 7시를 알려주었고, 우리는 드디어 세석산장에 도착했다. 등산객들이 쉼터인 대피소에 들어가길 기다렸다는 듯 하늘은 비의 양을 늘렸다. 더 늦지 않게 도착한 것이 얼마나 다행인지 정말 감사했다.

  세석산장에는 국립공원 관리 공단 직원들이 상주한다. 잠자리를 배정해주고 담요를 나눠주고 주의사항도 꼼꼼히 알려준다. 산장의 숙소는 남녀 따로 떨어져 있으며 1, 2층 복층으로 나누어져 있다. 대부분 계단을 오르지 않아도 되는 1층을 선호하지만 우리는 늦게 도착하여 2층을 배정받았다. 잠잘 공간을 배정받고 짐을 내리며 등산화를 벗었다. 14시간 이상을 걸어 발이 욱신욱신 쑤시고 긴장이 풀려서인지 몸이 덜덜 떨린다. 밥이고 뭐고 이대로 쓰러져 자고 싶었다. 그러나 친구들이 기다리기에 슬리퍼를 신고 절뚝거리며 취사장으로 향했다.

  우리가 짐을 옮겨놓는 사이 춘근이는 쌀을 씻고 고기를 구웠다. 밥 생각 없다던 말은 새빨간 거짓말이었다. 밥이 꿀맛이었다. 준비해 간 삼겹살과 오리 로스는 더할 나위 없이 맛있었다. 산장에서의 저녁밥은 최고급 레스토랑의 값비싼 식사보다 우리를 더 행복하게 해주었다. 늦은 식사로 정신없이 먹던 우리 눈에 햇반 하나 들고 난처해하는 남자가 보였다. 그분은 혼자 왔으며 지리산도 처음이라고 했다. 햇반을 데울 전자레인지가 있을 거라고 생각하고 간단한 짐만 챙겨 왔는데 전자레인지가 없으니 저녁을 쫄쫄 굶게 생겼다며 난처해했다. 기꺼이 우리 식탁으로 초대해서 같이 만찬을 즐겼다. 나눔은 이렇게 모두를 채워주고 기쁘게 해주었다. 낑낑거리며 매고 왔지만 넉넉하게 준비해 오길 잘했다는 생각이 들었다.

　전날의 부족한 잠과 종일 걸어 피곤한 몸은 눕자마자 곯아떨어질 것 같았는데 막상 누우니 잠이 오지 않았다. 쌔근쌔근 자는 사람들의 숨소리를 들으며 잠이 든 지 얼마나 되었을까. '부스럭부스럭', 이른 새벽 시간 산객들은 다음 일정을 위해 길 떠날 채비가 한창이다. 곁에 있던 휴대전화는 3시를 알려주었다.

　부지런한 산객들이 떠나고 산장은 한산해졌다. 몇 안 남은 등산객들을 안전하게 하산시키기 위한 안내 방송이 나왔다. 폭우로 천왕봉 등산로를 폐쇄하니 우회하라는 방송이었다. 예상치 못한 비상 상황이다. 지금처럼 쏟아지는 비는 계곡의 물을 순식간에 불리고 등산로를 보이지 않게 할 뿐 아니라 조난을 당할 수도 있다. 덜컥 겁이 났다. 어떻게 해야 할까? 최대한 빨리 하산을 해야 한다. 그렇다면 어느 코스로 하산을 해야 가장 안전하게 산행을 마무리 지을 수 있을까? 바쁜 마음에 대피소에 남아 있던 몇몇 등산객들에게 물어보았다. 산꾼 특유의 친절함으로 자세하게 알려주었다.

　"거림으로 가세요. 그 길이 가장 빠른 길입니다."

세석에서 거림까지 6km. 계곡물이 천천히 불어나길 간절히 기도하며 빗물에 젖어 미끄러운 바위들을 조심조심 걸었다. 그때는 몰랐는데 집에 와서 보니 발톱이 하나 죽어 있었다. 무사히 하산해야 한다는 생각에 쏠리는 발가락에 힘이 많이 들어갔나 보다.

지리산은 자식을 품어 안는 어미처럼 넓고 따스하며 아비의 외모처럼 크고 웅장하다. 중국의 황산처럼 돌과 바위가 많고 끝없이 오르내려야 하는 크고 작은 봉우리들로 이루어졌다. 이번 산행은 천왕봉을 오르지 못해 많이 아쉬웠지만 사고 없이 내려왔다는 것에 큰 의미가 있는 등산이었다. 포기하고 싶었던 순간 함께하는 친구가 있다는 건 엄청난 위로가 되었으며, 한계에 도전하여 큰 성취감을 맛본 잊지 못할 산행이었다.

등산도 인생처럼 계획한 대로 되지 않을 때가 있다. 전혀 예상치 못했던 복병을 만나기도 하고, 계획을 수정해야 하는 일도 생기고, 뜻밖의 좋은 사람을 만나기도 한다. 춘근이가 그랬다. 초등학교 남자 동창생이랑 같이 간다는 말에 '여자 둘은 위험할 수 있는데 남자가 있다니 안심이네'라는 마음과 '남자 동창이면 어색하거나 불편하지 않을까'라는 생각이 동시에 들었다. 그런데 1박 2일 동안 힘든 산행을 같이한 춘근이는 오랫동안 만나온 친구처럼 편하고 친근했다.

춘근이는 영주에서 엄마와 농사를 짓고 있었다. 아버지가 돌아가시고 농사일로 힘들어하시는 엄마를 돕기 위해, 잘 다니던 직장을 그만두고 내려갈 수밖에 없었다. 그런데 워낙 강하신 엄마와의 관계에서 많이 힘들어하고 우울해하던 친구였다. 오랫동안 약에 의지하며 지내는 춘근이는 산과 친구들을 좋아했다. 인천과 영주가 가까운 거리는 아니지만, 전화하면 열 일 제쳐두고 한달음에 달려온다. 그런 춘근이의 사정을 너무 잘 아는 인숙이는 나에게 자주 등산을 같이 하자고 제의했다. 나도 흔쾌히 그러자고 했다.

지리산을 다녀오고 얼마나 지났을까. 인숙이를 통해 춘근이의 슬픈 소식을 들었다. 참 많이 안타깝고 미안했다. 지리산 등산 이후로 춘근이 얼굴을 한 번도 보지 못했기 때문이다.

오늘처럼 이렇게 비가 많이 내리는 날엔 무거운 배낭을 메고 순진하게 웃음을 지었던 춘근이가 생각난다. 산을 좋아했던 옹달샘처럼 맑은 친구 춘근이. 그는 왠지 좋아하던 산에서 등산객들을 비춰주는 별이 되었을 것 같다. 언젠가 다시 지리산을 가게 되면 대피소의 밤하늘을 올려다봐야겠다. 빛나는 춘근이 별을 찾아 그간의 안부를 물어보고 싶다.

일출, 희망찬 하루의 시작(성인봉)

매주 반복되는 단조로운 삶에서 가끔은 낯선 풍경이 건네는 인사가 간절할 때가 있다. 단순히 보이는 것을 넘어 가슴에 느껴지는 무언가가 산을 좋아하는 여행가의 열정을 샘솟게 했다. 새롭고 낯선 것들이 말을 걸어오는 이곳은 한국의 갈라파고스 울릉도다. 연평균 300일 이상 구름과 안개에 싸여 있는 성인봉과 3대가 덕을 쌓아야 갈 수 있다는 우리 땅 독도를, 지난 6월에 1박 2일의 일정으로 다녀왔다.

이야기 대장과 생크림 총무와 함께한 울릉도 여행 첫날은 해안선을 따라 드라이브하면서 외곽을 돌았다. 빠듯한 일정으로 귀가가 늦어져 밤 10시 이후에 잠이 들었다. 3시간을 업어 가도 모를 정도로 깊은 잠을 잤다. 그리고 둘째 날 일출을 보기 위해 새벽 1시 20분에 알람 소리와 함께 일어났다. 성인봉에 대한 설레는 마음이 컸기에 짧은 수면의 피곤함은 산행에 전혀 문제가 되지 않았다.

저동항에서 10분 거리에 있는 숙소에서 30여 분을 달려 나리 분지 주차장에 도착하였다. 오징어 먹물처럼 까만 밤이다. 이마에서 반짝이는 한 줄기 빛을 잡고 잠든 숲의 심장으로 들어간다. 이천 년의 시간을 묵묵히 걸어온 뾰족한 산은 콧속을 간지럽히는 낯선 인기척에도 아랑곳없이 고른 숨을 쉬며 잠들어 있다. 그 너른 품에서 나고 자라는 많은 생명들도 모두 자고 있다.

성인봉 등산 코스 중 가장 무난한 코스는 KBS 중계소 – 성인봉 - 나리 분지 코스다. 이 밖에도 대원사 – 성인봉 - 나리 분지 코스와 안평전 – 성인봉 - 나리 분지 코스도 있다. 시간은 거의 비슷하게 5시간 안팎이 소요된다. 산을 오르며 느끼는 육체의 힘듦도 산행의 백미 중 하나라며 즐기고 있는 대장은 나리 분지에서 오르는 비교적 험한 코스를 선택했다. 하산 후 픽업해줄 차량이 없기도 하고, 첫날의 빠듯한 일정으로 나리 분지를 보지 못했기 때문이다. 원점 회귀라는 아쉬움은 있지만, 성인봉과 나리 분지를 다 둘러보기에 가장 적합한 코스다.

한 치 앞도 보이지 않는 어둠 속을 뚫고 알봉 둘레 길에 도착하여 본격적인 산행을 시작했다. 울창한 숲에서 부는 바람은 먼 길 온 육지 손님을 반겨주기라도 하듯 선선하게 불어온다. 그 환대가 반가워 우리의 발걸음도 가볍다. '뚜벅뚜벅' 등산화 소리와 함께 깔깔거리는 낯선 사람들의 인기척에 산과 나무들은 놀랄 법도 한데 모든 것을 품어 안고 그들만의 휴식을 취하고 있다.

 알봉 둘레 길의 편안한 숲길을 벗어나자 신령한 물이 나온다는 약수터가 나왔다. 울릉도는 전체적으로 물이 좋은데, 특히 나리 분지의 물은 최상급이다. 신선처럼 살아가길 희망하며 시원한 물 한 바가지 꿀꺽꿀꺽 들이켰다. 물은 고로쇠 수액처럼 목 넘김이 아주 부드럽고 차가웠다.

울릉도 삼선암
하나는 어딨지? 울릉도 해상 비경 가운데 으뜸!

 신령수 샘물을 지나면서 계단이 시작된다. 등에 땀이 맺히고 호흡이 가빠질 무렵 나리 분지 전망대에 도착한다. 칠흑 같은 어둠 속에서 별들은 더욱 선명하게 빛난다. 도심에서 도저히 볼 수 없는 별빛에 함성이 절로 나온다. 저 멀리 바다엔 오징어잡이 배들이 하늘의 별처럼 빛을 밝히며 오징어를 유인하고 있다. 아름다움은 애써 감추려고 해도 드러나기 마련이며, 이에 본능적으로 끌리는 건 사람이나 동식물이나 마찬가지인가 보다.

"이렇게 빨리 도착할 줄 알았으면 좀 더 자고 올 걸 그랬어요."
"아냐, 일찍 나서길 잘했지. 만약 시간에 쫓겨 올라왔으면 정말 힘든 코스야."

오늘 일출 시간은 4시 56분이다. 정상을 310m 남겨둔 지점에서 휴식을 취하며 땀을 식히고 있다. 정상은 차가운 바람이 불어 한기가 느껴질 것이다. 일출 시간에 맞춰 올라가야 떨지 않고 해돋이를 볼 수 있다. 먼동이 트기 시작하여 빼곡한 나뭇잎 사이로 뿌연 하늘이 보인다. 바다 너머에서 구름을 이끌고 온 바람은 선선하고 쉼 없이 불어대고 있다.

전국에 가보지 않은 산이 없을 정도로 산을 좋아하는 대장은 어느 산을 가든 일출 보기를 고집한다. 그러니 늘 새벽 3시면 산행을 시작한다. 그 빠듯한 일정 속에서도 정말 멋진 장관을 볼 수 있기에 투덜거리면서도 따르는 대원들이 많다. 산을 좋아하는 마음을 나누고 모든 것을 배려해주는 대장을 만난 것이 큰 행운이다. 평상시 '나는 복이 많은 사람이야'라고 입버릇처럼 말하고 다니니 정말 그렇게 되는 것 같아 기분이 좋다.

 울릉도 탄생을 알리는 시작점이자 최고봉인 성인봉은 휴화산으로 모든 하천의 수원을 이루고, 식생이 특이한 원시림이 잘 보전되고 있는 점 등을 감안하여 산림청 100대 명산으로 선정되었다. 맑은 날이 별로 없는 성인봉은 맑다가도 순식간에 흐려지기도 하며 종잡을 수 없다고 한다. 그런데 오늘 이렇게 멋진 모습을 보여주니 정말 감사하다.

 일렁이는 바다 위에서 짙은 구름을 뚫고 해가 서서히 고개를 내민다. 수억 년 반복되었을 그 장면이 보는 이를 일렁이게 한다. 해를 기다리며 서 있자니 매일 뜨는 태양도 어제에서 오늘로 넘어오기까지 이렇게 힘에 부치는데 우리네 삶은 오죽할까 싶어진다. 새로울 것 없이 늘 같은 날들의 연속이지만, 알고 보면 우리는 날마다 기적을 살아내고 있다. 이 순간 나의 기적 같은 오늘이 눈물겹도록 소중해진다.

 50년 이상 해가 뜨고 지는 것을 보면서 살았다. 아침이면 으레 떠오르는 해에 대해 많은 의미를 부여하지 않은 삶이었다. 사람들이 새해 일출을 보겠다고 주차장 같은 고속도로에서 시간을 허비하는 것을 보면 낭비라고 생각했던 적도 많았다. 새해를 맞이하는 마음의 변화가 중요한 것이지, 해를 보는 장소는 그리 중요하다고 생각하지 않았기 때문이다.

성인봉 일출
성인봉은 산의 모양이 성스럽다 하여 붙여진 이름이다

산을 다니기 시작하면서 일행들과 어울려 설악산이나 지리산에서 해맞이를 보려고 했었지만, 번번이 비와 구름의 방해로 제대로 볼 수가 없었다. 그런데 성인봉에서 본 해돋이는 장관이었다. 너무 멋있었다. 짙푸른 동해바다에서 가장 먼저 떠오르는 해를 바라보고 있노라면 가슴이 벅차오르고 그 진한 감동을 이루 말로 표현할 수가 없다. 시간을 거슬러 과거를 현재로 불러들이는 행복 되새김질을 위해 카메라의 눈에 담아본다. 하지만 나의 눈과 가슴에 비치는 멋진 모습만큼 담을 수가 없어 안타깝다.

 희망찬 하루를 열어준 둥근 해의 뜨거운 에너지를 안고 다음 일정을 위하여 하산을 서두른다. 올라갈 때 보지 못했던 숲이 제 모습을 드러내 보여준다. 맑은 아침 햇살에 비친 나무들과 고생대의 기억을 간직한 고사리 숲은 마치 불이라도 난 듯 타오르고 있다.

 사람의 손을 타지 않은 원시림은 태곳적 신비가 고스란히 남아 있다. 키 큰 나무들은 서로의 수관을 존중하며 파란 하늘과 태양빛을 함께 나누고 있다. 키 작은 풀들은 키 큰 나무 사이로 떨어지는 한 줄기 빛을 받기 위해 넓적한 잎을 활짝 벌리고 있다. 이렇게 식물들은 서로의 영역을 존중하며, 말없이 소통하고 열심히 자신의 삶에 응답하는 중이다.

 산을 다니다 보면 유난히 마음 쓰이는 나무들이 있다. 속은 텅 비어 있고 가죽만 남은 나무가 보는 이로 하여금 애달프게 한다. 살아 있는 동안 몫을 다하려는 모습을 보면 애처로움을 넘어 경이로운 마음이 들곤 한다. 힘겹게 자식을 키우셨던 부모님과 그들의 삶을 답습하는 지금의 부모인 나, 그리고 아이들을 보는 것 같다. 자녀를 양육하는 것이 그런 것이라면 내 속이 시커멓게 타들어가고, 타버린

속마저 비워내야 하는 거라면 생기발랄하게 바람을 타는 나뭇잎처럼, 우리 아이들이 그렇게 구김 없이 밝게 살기를 바란다.

 6시 30분, 아침 햇살이 쏟아지는 알봉 둘레 길에 도착하면서 성인봉 산행은 끝이 났다. 여유로운 발걸음으로 나리 분지 이곳저곳을 둘러보았다. 울릉도 개척 당시의 집 형태를 간직한 너와집과 억새 투막집, 명이나물 밭, 가로수처럼 흔하게 볼 수 있는 마가목, 울릉도만이 간직한 소중한 것들을 아낌없이 보여주었다. 초록 풀잎에 부서지는 아침 햇살, 나리 분지를 둘러싸고 있는 병풍 같은 산들, 천상에서나 느낄 수 있을 듯한 고요와 평화로움이 내 안을 가득 채웠다.

 산을 사랑하는 이들과 함께해서 더욱 감동으로 다가왔던 울릉도 성인봉. 일상을 벗어나 몸도 마음도 쉬어 가는 이 여유야말로 산이 주는 선물일 것이다. 언제 다시 볼지 기약할 수 없는 성인봉의 푸르름이 벌써 그리워진다.

신령스러운 힘에 이끌려(갑장사)

강에서 태어나 바다에서 살다가 다시 자신이 태어난 강으로 돌아오는 연어처럼, 시간을 거슬러 과거로 이동할 수 있다면 어느 시점으로 돌아가고 싶을까? 많은 것이 넉넉하지 않아 어렵고 힘든 시간이었지만 친구들과 즐겁게 뛰어놀았던 초등학교 시절로 돌아가고 싶다. 순수하고 해맑았던 그 시절이 그립다.

7월 10일 오후 6시, 한차례 굵은 소나기가 쏟아진 후였다. 한동네에 살며 친하게 지냈던 친구를 초등학교 운동장에서 만났다. 갑장사 주차장까지 드라이브 간다고 가볍게 나선 걸음이 결국 갑장산 상사 바위까지 다녀왔다. 늦은 오후에 다녀온 산을 그날 밤 꿈에 다시 오른 걸 보면 난 그곳이 무척이나 가고 싶었나 보다.

일찍 고향을 떠난 내가 가끔 시골에 내려가면 언제나 환대해주는 소나무 같은 친구와 코흘리개 시절 뛰어놀았던 지천으로 공간 이동을 했다. 초등학교 때 김밥 싸서 소풍 갔던 솔밭, 우리는 그곳에서 수건돌리기를 했고 보물 찾기를 하며 놀았다. 솔밭 맞은편 개울에 도랑을 가득 채웠던 물은 다 어디로 갔는지 잡초만 무성하고 가느다란 물줄기가 개울임을 알려준다. 그리고 흙먼지 풀풀 날리던 골목은 까만 아스팔트로 잘 포장되어 있다.

"어, 여기 윤영이네 집이 있었는데… 너무 바뀌어서 알 수가 없네. 윤영이는 지금 어디서 뭐 한대?"
"윤영이? 점촌에서 슈퍼 한다고 그러던데…."

익숙했던 옛 모습은 온데간데없이 사라진 동네가 낯설기만 하다. 꽤 많이 변한 모습에서 반가움과 서운함이 동시에 느껴졌다. 세월의 흐름에 따른 변화나 편리해진 동네가 보기 좋았지만, 왠지 어린 시절 추억마저 묻혀버린 것 같아 씁쓸함도 느껴졌다. 6년을 같이 공부한 친구들의 이름을 떠올리며 한 명씩 불러본다. 다들 잘 살고 있는지 소식도 궁금하고, 보고 싶은 마음에 그리움이 파도처럼 몰려온다.

꼬마였던 내가 자글자글한 주름 속에 인생의 달콤함과 쓴맛을 감춘 채 중년의 여인이 되어 돌아왔다. 그사이 좋은 토양 위에 나무들은 무성하게 자라 숲을 이루었고 그 숲은 부지런히 물을 길어내고 생명들을 길러냈다. 자신의 모든 것을 품어 안고 나이테를 늘리며 무게를 더한 나무들은 우리를 기다리기라도 했다는 듯 길을 내주었다.

"와, 너무 좋다. 갑장산이 이렇게 좋았어?"

"이리 와봐. 저 꼭대기 바위 보이지? 저 바위가 갑장사 뒤에 있는 상사 바위야. 저기서 아래를 내려다보면 어지럽고 아찔한데 그 풍경은 정말 멋있어."

  하늘에 닿을 듯 큰 키를 자랑하는 나무들로 둘러싸인 주차장은 깔끔하게 정리되어 있고 한편에 생뚱맞게 케이블카가 자리를 잡고 있다. 예전에 지게꾼들이 갑장사까지 지고 날랐던 짐을 이제는 케이블카가 옮겨준다고 한다. 잘 포장된 길옆으로 푸른 이끼가 터를 잡은 또 다른 길이 보인다. 새로운 길이 나기 전 드나들었던 옛길이라고 한다. 그 길로 한 걸음 내디디니 촉촉이 젖은 바위들과 그 위를 열심히 기어오르는 담쟁이넝쿨, 물을 흠뻑 먹은 아름드리나무와 풀들이 반겨주었다. 한낮의 고단한 날개를 접고 어둠 속에 날아든 새끼를 어미가 품어주듯, 갑장산이 나를 그렇게 소리 없이 안아주었다. 말로 형언할 수 없는 웅장함과 신비로움에 끌려 갑장사로 이어지는 가파른 계단을 오르기 시작했다.

  길지 않은 오르막에 돌계단이 정성스럽게 놓여 있다. 자신을 위해 혹은 타인을 위해 단단한 돌을 옮기고 길을 다듬었을 손길과 자연이 있기에 나는 지금 이 길 위에 편안히 서 있다. 나는 어디에서 누군가에게 등을 내어주고 있는가.

갑장사 경내
고즈넉한 산사에 몸과 마음이 숙연해진다

　많은 사람들이 간절함과 절박함을 안고 올랐을 그 길을 따라 육백 년 넘는 세월을 지켜온 갑장사로 들어선다. 속세의 많은 것들이 한낱 환상에 불과하다는 걸 말해주는 소박한 절, 소유하지 않았다는 그 마음마저 내려놓게 한다.

　이 절에 머물던 고승과 한 불자의 이루지 못한 사랑이 전설로 남아있는 상사(相思) 바위로 향한다. 90도 직벽에 가까운 바위에서 내려다본 풍경은 바다 한가운데 서 있는 착각이 들게 한다. 산줄기들이 비경 속으로 스며들어 파도를 타며 자연과 하나가 된 듯하다. 병풍처럼 펼쳐진 산들의 꼭대기는 구름에 가려 신비로움을 더했고 뿌연 안개 사이로 보이는 상주 시내는 나와 상관없는 다른 세상처럼 멀어 보였다.

상사 바위에서 600m만 가면 정상이다. 저마다 다른 모습과 풍경을 간직한 산들, 갑장산 정상은 어떤 풍경을 품고 있을까 몹시 궁금했지만 물 폭탄처럼 쏟아지는 비와 샌들로 인해 더 이상의 산행은 무리였다. 살다 보면 시작과 끝이 한 번에 이루어지지 않는 경우는 허다하다. 무언가를 완벽히 마무리 짓고 싶지만, 여건이 따라주지 않는다면 마음을 비우고 때를 기다려야 한다. 오늘 갑장산 정상에 오르지 못하고 다음을 기약하는 것처럼….

정상 부근의 팔각정
정상에서 보지 못하는 풍광을 즐기기 좋은 곳이다

　굵은 빗방울을 던지며 전투적으로 달려가던 바람은 소나무 가지를 스치며 위력이 더해져 모든 걸 날려버릴 기세였다. 나뭇잎이 우산이 되어 충분히 피할 수 있었던 빗줄기가 점점 거세고 굵어지기 시작했다. 연이어 우르릉 쾅쾅 천둥과 번개를 동반한다. 날은 어두워지고 우산도 없이 산을 올랐지만, 내려갈 생각도 하지 않고 사찰 이곳저곳을 둘러보았다.

"여기 물이 아주 맛있는데 한 모금 마시고 갈래?"
"와, 물이 정말 맛있네."

'수각'이라는 표지와 함께 별도로 안내를 해놓은 걸 보니 물맛 좋기로 소문난 곳인가 보다. 현대식 수도 시설로 깔끔하게 정리되고 관리되어 있는 모습에서 주지 스님의 성정을 엿볼 수 있었다.

인생의 전반에서 후반기로 꺾어진 친구는 고등학교 2학년 때 겨울방학 한 달을 이곳에서 보냈다고 한다. 공부에 전념하길 원하는 아버지의 뜻을 따라 시작한 산사 생활이 지금 생각해도 재미있고 좋았다며 자랑스럽게 얘기한다. 그러기에 이 절은 친구에게 각별한 곳이었고 그 얘기를 들은 나 역시 애틋함과 깊은 정이 느껴졌다.

"우산 안 가져오셨어요?"
"네."
"그럼, 여기 우산 쓰고 내려가셔서 주차장에 있는 케이블카에 두고 가세요."

"감사합니다."

처마 밑에서 비를 피하고 있는 우리를 본 마음씨 좋은 스님께서 우산까지 챙겨주셨다. 그 비를 다 맞고 내려갔다면 물에 빠진 생쥐 꼴이 되었을 텐데 참 감사했다. 스님이 들어가고 곧바로 염불 소리가 들리기 시작했다. 까만 기와지붕에 부딪혀 처마로 떨어지는 빗소리, 처마 끝에 매달린 풍경을 울리며 불어오는 바람 소리, 간간이 들려오는 천둥소리, 스님들의 평화로운 기도 소리. 그 모든 소리들이 어우러져 묘한 조화로움이 느껴졌다.

오랫동안 머물고 싶은 내 속도 모르는 무심한 시간은 산사의 저녁을 그렇게 깊게 물들이고 있다. 어둠을 향해 뚜벅뚜벅 걸어오는 시간을 멈추지 못하기에, 내려가야 한다는 아쉬운 마음은 주저하는 발걸음에 묻어난다. 좋은 것에 대한 집착, 더 누리고 싶은 강한 애착. 사는 게 고해라고 말씀하신 부처님은 이런 것들이 인간이 가진 번뇌 중 가장 큰 번뇌라 하였다. 좋은 것은 좋은 대로, 나쁜 것은 나쁜 대로 흘러가고 지나가게 버려두자. 산이 깃든 영묘함이 주는 것인가 부처님의 큰 가르침인가. 산을 나서는 마음이 단정해진다.

짧은 시간 코흘리개 친구와 다녀온 갑장산과 갑장사. 몸과 마음이 초록빛 향기로 물들어 다시 돌아갈 일상은, 보다 싱그러울 것 같은 기분 좋은 예감이 든다.

너른 어머니의 품으로(갑장산)

　각 지자체에는 그 지역을 대표하는 산이 있다. 부산의 금정산을 비롯해 마산 무학산, 의령 자굴산, 함안 여항산, 구미 금오산, 김천 황악산, 의성 금성산 등이 대표적인 본보기이다. 이들 산은 대개 그 지역의 북쪽에 떡하니 자리 잡아 집안의 가장 역할을 하는 진산(鎭山) 또는 어머니의 품과 같은 앞쪽의 안산(案山)이다. 경상도의 큰 고을인 상주의 안산, 갑장산(甲長山)을 다녀왔다.

　갱년기는 나이가 들면서 자연스럽게 찾아오는 불청객이다. 사춘기보다 더 무섭다는 갱년기를 겪는다는 건 굉장히 슬픈 일이며, 생활에서 부딪치는 불편함은 한두 가지가 아니다. 갱년기 대표 증상 중 하나는 불면증이다. 종일 누워 있던 그녀가 잠이 없어지니 일출 산행에 과감히 도전하고 원정 산행도 마다하지 않는다. 저질 체력의 대표 주자였던 그녀가 갱년기 극복의 표본으로 바뀌어가고 있는 것이다. 학무는 갱년기 증상을 이용하여 오히려 더 건강한 삶을 누리고 있다. 등산을 통하여 신명 나게 살아가는 그녀를 보면 덩달아 즐겁고 유쾌해진다.

 양력 8월 14일은 견우와 직녀가 만나는 칠월 칠석이다. 빼어난 절경은 아니지만 산줄기들이 굽이굽이 물결치며 흐르는 강물 같은 갑장산을 보기 위해 길을 나섰다. 지난달 갑장사만 다녀오고 산 정상을 오르지 못한 아쉬움을 달래기 위함이었다. 한적한 영동 고속도로를 달리다가 이천에서 중부 내륙 고속도로로 진입했다. 영광이 시댁인 그녀는 경상권 여행이 처음이라며 어린아이처럼 즐거워했다. 고속도로를 달리는 내내 자동차를 호위하듯 늘어선 산들이 신기하다며 연신 환호성을 질러댔다.

 새벽 4시에 출발하여 7시 26분에 경상북도 상주시 지천에 있는 용흥사 주차장에 도착했다. 견우와 직녀는 경상도 하늘에서 만났을까? 분명 인천에서 출발할 때 비가 오지 않았는데 상주에 도착하니 우산을 써야 할 만큼 비가 내리고 있었다. 갑장산은 내가 6년 동안 공부했던 상주남부초등학교 뒤에 있는 산이다. 중학교를 졸업하고 고향을 떠날 때까지 한 번도 올라보지 못했다. 30여 년이 지난 이번이 첫 산행이지만, 바쁘다는 이유로 산과 코스에 대한 공부를 하지 못하고 왔다. 지난 6월에 자동차로 다녀온 갑장사 주차장 코스가 아니기에 걸어 올라가는 것에 대한 두려움과 걱정이 컸지만 친구에게 말을 할 수가 없었다. 성의 없는 마음에 서운해할까 봐 그리고 나보다 더 두려워할까 봐 차마 내색할 수가 없었다.

 들머리를 찾지 못해 헤매고 있을 때 반바지 차림의 야영객을 만났다. 코로나로 인해 서울말을 쓰는 수도권 등산객이 그리 반갑지 않을 텐데 친절하게 잘 알려주었다. 그분이 알려준 등산로 입구는 '연악산 쉼터'라는 식당과 화장실 사이에 있었다. 신발 끈을 조이고 장갑을 끼며 마음도 단단히 무장했다.

상사바위에서 내려다본 풍경
안개 속에 쌓인 상주 시내는 고요하고 평화롭다

 산림 경영을 위해 만들어진 임산 도로는 깔끔하게 포장되어 있었고 시작부터 오르막이었다. 마치 잠에서 깨어난 길이 기지개를 켜며 몸을 세우는 것 같았다. 얼마 가지 않아 갈림길이 나왔다. 우리는 용흥사 방향으로 산길을 따라 올라갔다. 산길은 사람의 발길이 닿은 지 오래된 듯 선명하지 않았다. 이 길이 맞는 것인지 알 수가 없어 살짝 불안하기도 했으나 우리의 눈썰미를 믿어보자고 했다. 용감함으로 불안한 마음을 잠재운다. 어디 산길뿐이겠는가. 살다 보면 길이 보이지 않아 헤맬 때 자기 신뢰가 가장 중요하지 않을까.

갑장산 꼭대기에서 낙동강을 향하여 부지런히 내달리는 계곡물을 따라가다 보니 구름다리가 나왔다. 더 이상 길이 없는 것 같아 다리를 건넜더니 처음 우리가 올라왔던 임도를 다시 만났다. 허탈했다. 알지 못한다는 건, 준비하지 못했다는 건 이런 시행착오를 겪게 하는구나. 우리 삶도 마찬가지리라. 자동차로 달리기엔 미끈하게 포장된 임산 도로가 제격이지만 산을 온전히 느끼기 위해 등산화를 신은 우리에게는 아스팔트 도로가 많은 아쉬움을 주었다. 까맣게 포장된 된비알 오르막을 한참 오르니 왼쪽으로 등산로 입구라는 이정표가 나왔다. 굉장히 반가웠다.

"이 우산 놓고 가자."
"산속은 나뭇잎이 비를 막아주니까 이 정도 비에는 그리 많이 젖지 않을 거야."

들고 오던 우산을 접어 허리가 굵은 나무 뒤에 숨겨두고 산을 오르기 시작했다. 산에 들어서자 서늘하고 시원한 기운이 감돌았다.

절기상 입추가 지났고 한여름 땡볕을 벗어나 가을로 접어들었다는 느낌을 받았다. 도심의 산길이 반질반질한 조약돌 같은 길이라면 지금 딛고 있는 이 길은 다듬지 않은 원석 같은 길이다. 그 길에서 살짝 비켜나 다양한 버섯들이 많았다. 짧은 여름 장마가 지나고 계속되던 소나기가 키워낸 작품들이다.

 제 모양을 고스란히 간직한 채 바닥에 있는 나뭇잎을 보면서 끊임없이 순환하는 나무의 생을 생각해본다. 나무는 한여름 태풍에도 꼭 붙들고 있던 이파리들을 시린 겨울 차가운 북풍에 소리 없이 떨어뜨린다. 자신의 운명에 순명한 나뭇잎은 겨우내 포근한 담요가 되어 자신을 떨쳐낸 나무의 뿌리를 덮어주고 산을 덮어주고 지구를 덮어주었다. 이제는 한 줌의 퇴비가 되어 또 다른 생명을 키워내고 있다. 알아서 순환하고 상생하는 자연 속에서 삶을 살아가는 지혜를 배워본다.

 추위를 대비한 방한복 같은 겨울눈은 매미 소리가 한창인 팔월부터 가지 끝에 자리를 잡았다. 찬바람을 견디고 이듬해 봄에 자라는 싹이다. 그 속에는 잎이나 꽃이 될 것이 들어 있고 그 겉은 비늘잎이 여러 겹으로 싸고 있어 속을 보호한다. 알고 보면 식물의 세계가 우리의 삶보다 더 계획적이고 지혜롭다. 살아남기 위한 각각의 전략을 펼치는 신비한 식물의 세계에서 지혜를 빌려 우리 삶에 적용해보자.

"자기야, 사진도 좀 찍고 그러면서 올라가. 어떻게 숨도 안 쉬고 올라가냐?"
"알았어, 알았어. 거북이처럼 천천히 갈게."
솔가지들이 부딪히며 속삭이는 소리를 좋아하고 그 바람을 사랑하는 나는 나무의 결과 무늬를 카메라에 담으며 뒤처져오는 친구를 기다렸다.

"힘들지?"
"어, 힘들어. 그런데 산을 오르는 힘겨움보다 오감을 만족시키는 행복이 더 커서 등산이 점점 더 좋아지고 있어."

힘들어하는 친구를 위하여 쉬어 갈 곳을 찾아 두리번거리던 내게 상사 바위를 코앞에 두고 명당자리가 눈에 띄었다. 등산로 입구부터 여기까지 오면서 무성한 나뭇잎 사이로 보이는 하늘은 탁 트인 풍경에 대한 갈증을 주지만, 올라오는 내내 나뭇잎과 나무들이 너무 사랑스러워 지루한 줄 모르고 올랐다.

"자기야, 얼른 올라와 봐. 여기 너무 멋있어. 비가 와서 바위가 미끄러우니까 나무를 잡고 조심스럽게 올라와."
"알았어."

정상에서 내려다본 운무
누가 저 멋진 풍경을 그릴 수 있을까

넓적한 바위가 절벽을 이루고 있으나 두세 명이 앉아서 쉬기엔 안성맞춤이었다. 행동식으로 챙겨 온 간식을 꺼내놓고 보니 아주 푸짐하다. '고씨네, 고씨네, 고씨네~'[1] 산에 대한 감사와 자연에 대한 고마움을 표현한 우리만의 시산제를 드렸다. 사람이든 자연이든 고마

---

1 고수레: 들놀이·산놀이·뱃놀이 갔을 때나 들에서 음식을 먹을 때, 먹기 전에 자리 밖으로 "고수레" 하고 음식을 던지는 일. 고시래·고시례·고시네·고시내·고씨네 등으로도 불렸다. 이것은 근방을 다스리는 지신(地神)이나 수신(水神)에게 먼저 인사를 드리고 무사히 행사를 치르게 해달라는 기원의 뜻이 들어 있는 동시에, 근처의 잡귀들에게 너희들도 먹고 물러가라는, 잡귀 추방의 주술적인 의미가 포함되어 있다.
 - "고수레", 〈두산백과〉.

움을 안다는 것, 그리고 기억한다는 것은 굉장히 중요하다.

　갑장산 일대에서 전망이 가장 좋아 최승암(最勝巖)이라고도 불리는 상사바위에 도착했다. 스님을 사모한 한 처자가 낭떠러지로 몸을 던졌다는 애틋한 사연이 담겨 있는 상사 바위는 갑장사에서 5분 정도 떨어진 소나무 숲 끝에 있다. 실제로 발아래를 보면 현기증이 일 정도로 어지럽다. 그 바위에 걸터앉았다. 이룰 수 없는 연정을 품고 자신을 피해 멀어져가는 스님을 쳐다보듯 주변의 산들을 쳐다보았다. 애틋한 정이 가슴속에 피어오르며 그 처자의 마음을 조금은 헤아릴 수 있을 것 같기도 했다.

　상사 바위에서 정상까지의 거리는 0.6km다. 내 키만 한 조릿대는 한 사람 겨우 지나갈 정도의 길만 허용하고 빼곡하게 들어찼다. 켜켜이 쌓인 나뭇잎들은 마치 양탄자를 깔아놓은 듯 폭신폭신하다. 내딛는 걸음이 가뿐하고 즐겁다. 헬기장을 지나면서 시작되는 계단을 오르면 이내 정상에 닿는다. 15분쯤 걸린다. 정상은 산불 초소와 중계 시설이 있어 약간 어수선하지만 조망은 빼어나다. 동쪽으론 중부내륙 고속도로가 내달리고 그 뒤로 유유히 흐르는 낙동강의 물줄기가 시야에 들어온다. 4대강 사업으로 낙단보, 상주보, 구미보가 한눈에 들어오며 보마다 가득한 물은 곳간에 가득 찬 상주의 인심을 대변해주고 있다.

주말 이틀 동안 우리는 같은 코스로 산을 올랐다. 산은 고향에서 보낸 시간보다 타향에서 더 오랜 시간 생활한 나에게도 낯선 외지인인 친구에게도 푸근하고 정겨웠다. 첫날, 누구의 방해도 받지 않고 쉬어 가려던 구름은 빗속에 찾아온 극성스러운 손님에게 산을 오롯이 즐길 수 있는 혜택을 주었다. 그리고 둘째 날, 하룻밤 사이에 솜씨 좋은 예술가의 손에서 상주의 하늘과 산은 선명하게 그 모습을 드러냈다. 모난 데 없이 부드럽고 너른 어머니의 품과 같은 상주의 안산(案山)인 갑장산(甲長山). 시간이 갈수록 어머니의 사랑을 깊이 느낄 수 있는 것처럼 다시 오고 싶은 그리움으로 내 마음에 자리 잡았다.

산처럼 든든한 우정(속리산)

   30년 지기 친구는 해묵은 산삼이다. 자주 연락을 했던 그렇지 않았던 서로에 대한 진한 우정이 있기 때문이다. 중학교 동창인 유자와 성숙이. 그들이 내겐 산삼 같은 친구들이다.

   4~5년 전이다. 노란 은행잎이 눈부신 가을 햇살에 나풀거리며 춤추던 날이었다. 남양주 사는 유자와 고향 상주에 있는 성숙이를 만나 속리산을 다녀왔다. 우리는 중학교 1학년 때 같은 반이었고 서로의 집을 드나들며 친하게 지냈다. 30년이 훌쩍 지난 지금까지도 별다른 다툼 없이 서로의 안부를 물으며 정을 쌓아가고 있는 중이다.

   나는 중학교 졸업하던 1986년 12월에 인천으로 유학(?)을 왔다. 시골에 연로하신 할머니가 계셨지만 나와 동생을 보살펴주시기엔 건강이 따라주지 않아 많이 힘들어하셨다. 그래서 둘째 오빠와 셋째 언니가 있는 인천으로 올라와 고등학교를 다니게 된 것이다. 만약 상주에서 친구들과 함께 고등학교에 진학했다면 속리산으로 소풍을 갔을 것이다. 하지만 일찍 도시로 나오는 바람에 가까이 있는 속리산을 한 번도 가보지 못했다.

"와, 미숙아. 저것 좀 봐."
"그래, 너무 예쁘다. 은행잎이 어쩜 저렇게 예쁘게 물들었니?"
성숙이와 만나기로 약속한 화북 탐방지원센터를 가는 길이었다. 운전하던 유자가 자지러지며 환호성을 지른다. 샛노란 옷을 입고 한 줄로 나란히 열을 맞춰 지나가는 행인들을 반기는 은행나무. 그 노란 빛깔이 눈부시고 아름다워 감탄사가 절로 나왔다. 인적이 드문 시골 도로에서 우리는 마음껏 소리 지르고 환호했다. 창문을 활짝 열고 팔을 뻗어 쏟아지는 가을 햇살을 온몸으로 느꼈다. 그리고 도심의 칙칙하고 탁한 공기로 가득 찼던 몸을 깨끗하고 맑은 바람으로 채우기 위해 작은 가슴을 활짝 열었다. 늦가을 그리 차지 않은 바람과 따사로운 햇살은 난로 위에 구워진 고구마처럼 따뜻했다.

호젓한 가을의 정취에 흠뻑 취해 거북이처럼 느릿느릿 한참을 달렸다. 저 멀리 도로변에 파란 슬레이트 지붕의 작은 집이 한 채 보였다. "엄마~" 하고 부르면 흰머리칼 쓸어 넘기며 엄마가 버선발로 뛰어나올 것처럼 아담하고 정이 가는 집이었다. 그 집 처마 밑에는 곶감이 주렁주렁 매달려 있었다. 실오라기 하나 걸치지 않고 드러난 맨살이 부끄러워 붉은 몸을 웅크리다 못해 쪼그라든 곶감들. 그것은 파란 지붕과 참 잘 어울렸으며 동화 속 그림 같았다.

약속 장소에 먼저 도착한 성숙이가 무뚝뚝해 보이는 남편과 함께 우리를 반겨주었다. 유자와 나는 결혼하기 전부터 인천에서 같이 생활했지만, 성숙이는 거리가 멀다는 이유로 자주 만나지 못하고 살았다. 간간이 전화로 안부만 물어보며 지냈지만, 전화선 너머로 들리는 목소리는 어제 만난 친구처럼 늘 친근했다.

화북 탐방지원센터에서 문장대까지는 편도 3.3km다. 문장대까지 단시간에 오를 수 있는 짧은 코스지만 계속되는 오르막과 돌계단은 그리 만만하지 않았다. 등산을 좋아하고 간간이 산을 탔던 나는 별 문제가 되지 않았다. 하지만 등산을 좋아하지 않는 친구들은 부담스러울 수 있는 코스였다.

"너희들 먼저 가, 나는 천천히 올라갈게."

계속되는 오르막으로 숨은 목젖까지 차오르고 성숙이는 많이 힘들어했다. 중학교 졸업하고 셋에서 처음 만났는데, 등력이 달린다고 친구를 두고 먼저 갈 수는 없다. 우리는 의리가 강한 경상도 여자니까… 조금 오르다 기다리고 또 오르다 기다리고, 그러길 여러 번 반복했더니 성숙이는 미안했던지 자꾸만 먼저 가라고 독촉한다. 서로의 편리를 위하여 우리는 먼저 오르고 성숙이는 그녀의 속도대로 올라올 수 있도록 배려해주었다.

문장대 밑 옛 휴게소 자리에는 막바지 가을의 정취를 즐기러 온 등산객들이 상당히 많았다. 삼삼오오 모여 식사를 하는 사람들, 따뜻한 차를 마시며 대화를 나누는 사람들. 저마다 자연의 품에서 휴식을 취하고 있는 등산객들을 보니 여유롭고 편안해 보였다. 숨을 헐떡거리며 올라온 성숙이와 함께 따뜻한 해가 드는 벤치에 자리를 잡았다. 여자들의 수다는 만병통치약이다. 아이들 얘기, 남편, 시댁, 보지 못한 친구들 얘기까지 쌈지에 숨겨둔 사탕을 꺼내듯 하나씩 하나씩 꺼내어 풀어내기 시작했다.

"어, 너 웬일이야?"

성숙이가 하도 반갑게 인사를 하기에 돌아보았더니 중학교 동창인 효진이가 오동통한 볼에 미소를 짓고 서 있었다.

"너네 효진이 알지? 야가 효진이라."

성숙이는 일찍 도시로 떠난 우리가 효진이를 기억하지 못할 거라고 생각했는지 친절하게 알려주고 인사까지 시켜주었다. 사투리 속에서 투박한 정이 느껴지는 성숙이에게 우리도 알고 있다는 것을 미소로 대답해주었다.

높이 1,054m. 큰 암석이 하늘 높이 치솟아 흰 구름과 맞닿은 듯한 절경을 이루고 있어 운장대(雲藏臺)라고도 하는 문장대가 코앞에 있다. 이제 가파른 철 계단만 오르면 속리산 절경을 한눈에 볼 수 있다. 세 번 오르면 극락에 갈 수 있다는 운장대, 그 첫 번째 오름을 시작했다.

철 계단은 아주 튼튼해 보였지만 밑이 다 드러나 보이기에 공포가 확 몰려왔다. 다리가 후들거렸다. 이럴 땐 발밑을 보지 말고 턱을 살짝 들어 45도 앞을 보아야 한다. 그래야 극심한 공포로부터 조금은 벗어날 수 있다. 그 사실을 경험으로는 알고 있지만 내 눈은 자꾸만 자꾸만 아래로 향했다.

"와~ 정말 첩첩산중이네."

문장대에서 바라본 기암괴석
프레임 없는 풍경화는 말을 잊게 한다

바들바들 떨리는 다리로 간신히 오른 산마루에서 거침없이 탁 트인 전경을 바라보았다. 유구한 세월과 바람, 하늘과 구름이 빚어낸 멋진 비경을, '멋있다. 정말 멋있다'라는 말로 표현할 수밖에 없었다. 밑바닥까지 드러난 가난한 언어의 곳간. 이럴 땐 차라리 입을 닫고 가슴으로 느끼자.

멋진 사각 틀에 갇혀 숨죽이는 거실의 풍경화가 아니다. 어떠한 틀도 프레임 없이 살아 숨 쉬는 자연의 풍경화다. 모네가 살아온다고 해도 감히 흉내 낼 수 없는 자연이 그린 산수화, 수묵화. 너무 멋지다. 내가 만약 등산을 좋아하지 않았다면 이 멋진 풍경을 볼 수나 있었을까? 산을 찾기 전에는 알 수 없었던 행복의 맛이다.

우리는 원점 회귀하여 화북 탐방지원센터로 하산하기로 했다. 주변의 멋진 산들이 많았지만 더 이상 우리를 안내해줄 사람도 없었고 유자와 나는 집으로 돌아가야 하기 때문이다. 헉헉거리며 오르기에 급급해 즐기지 못했던 풍경들을 둘러보며 천천히 내려왔다. 모든 산행에서 하산 길은 너무 서두르면 무릎에 부담을 줄 수 있다. 그러기에 되도록 천천히 쉬어 가면서 내려오는 것이 좋다. 오랫동안 등산을 즐기고 튼튼한 다리로 걷기를 희망한다면 나비처럼 사뿐사뿐, 소리 없이 걸어 내려오길 권한다.

"야, 대추 맛있겠다."

"우리 한 봉씩 사 갈까?"

"그래, 대추하면 보은 아니냐. 야들아, 해마다 10월이면 보은 대추 축제하는데 언제 다시 한번 더 오자."

주차장에 도착하니 보은 농협에서 대추를 판매하고 있었다. 진한 갈색의 대추들이 아가들 조막손처럼 암팡지고 먹음직스러워 보였다. 오랜만에 만난 친구들에게 맛있는 대추 한 봉지씩 선물하고 상주로 내려왔다. '집에 들러 밥 먹고 가라'라는 성숙이 남편의 권유가 있었지만 피곤한 성숙이에게 밥까지 해달라고 할 순 없었다. 밖에서 저녁을 먹고 성숙이네 집에 들러 따뜻한 차를 나누며 헤어짐의 아쉬움을 달랬다. 그리고 남편이 챙겨주는 감을 한 보따리씩 안고 헤어졌다.

잊고 사는 듯해도 가슴에는 그리움 하나가 늘 머문다. 가만히 떠올리기만 해도 가슴에 빛이 되는 고향, 그리고 친구들. 중학교 졸업 후 처음으로 함께한 산행, 몸은 고생스러웠지만 귀하고 소중한 시간이었다. 저녁이 되어 돌아갈 집이 있고, 힘들 때 마음속으로 생각할 친구가 있다는 것, 그것이 행복이 아닐까. 나보다 나를 더 잘 아는 유자와 순수하고 털털한 시골 아지매로 인정이 넘치는 성숙이. 각자의 일상으로 돌아가 살다 보면 언제 또 이런 시간을 가질 수 있을지 알 수 없지만, 산삼보다 귀하고 산처럼 든든한 친구들이 내 곁에 있기에 노년은 외롭지 않을 것이다. 고맙다 친구들아!

한반도의 등줄기에 서보다(낙동 정맥)

미시령 고개에는 백두 대간 종주 기념공원이 있다. 공원에는 대간 종주를 완등한 산객들의 명단과 그 의미가 새겨진 비석이 있다. 그런 공원이 있다는 것도 놀라웠지만 생각보다 많은 산객의 명단을 보고 입을 다물 수가 없었다. 이야기 대장과 생크림 총무는 해마다 설악산을 다녀온 후 그곳에 들른다고 한다.

백두 대간이란 백두산에서 시작하여 강이나 계곡을 건너지 않고 산마루를 따라 지리산 천왕봉까지 이어지는 산줄기를 말한다. 백두 대간은 한반도의 척추로, 이는 우리 땅 전체가 남과 북이 하나의 큰 줄기로 이어져 있음을 뜻한다. 조선 영조 때 실학자 신경준이 쓴 《산경표》에 의하면, 과거 우리나라 조상들이 인식하던 나라 땅의 산줄기는 하나의 대간과 하나의 정간, 13개의 정맥으로 이루어져 있다. 13개 정맥 중 금북 정맥을 마무리하고 있는 그들과 함께 올랐던 낙동 정맥의 기억을 더듬어본다.

2020년 8월 15일 광복절이다. 새벽 4시 30분. 밖은 칠흑 같은 어둠을 덮고 고요히 잠들어 있다. 안은 흐릿한 관광버스 조명등 아래서 부스럭거리는 소리로 소란스럽다. 신발 끈을 조이는 사람, 스틱을 꺼내어 길이를 조절하는 사람, 랜턴을 머리에 장착하는 사람 등 새벽 등산을 위한 채비가 한창이다.

작은 개울을 지나고 오르막이 시작된다. 랜턴에 의지해서 얼마를 걸었을까, 어렴풋이 밝아오는 여명. 내 마음속 어둠도 걷히고 밝아지는 듯하다.

"정맥은 처음인가요?"
"네."
"우리 초등학교 때 사회 시간에 산맥에 대해 배웠어요. 기억나요?"
"네, 기억하죠. 우리나라는 산맥들이 참 많잖아요. 태백산맥, 소백산맥, 차령산맥 등등."

초등학교 교장을 퇴임하고 건강을 위해 등산을 다닌다는 범부채 님(산악회 닉네임)의 설명이 이어진다. 우리는 시간 여행을 하여 나는 학생이 되고 그분은 마치 사회 선생님이 된 것처럼 열과 성을 다하여 설명해주었다. 매주 날짜를 정해놓고 정맥을 타고 있는 그들 틈에 게스트로 참여한 나는 산에 대한 공부도 하지 않고 함께하게 된 것이다. 그런 내게 범부채 님의 설명을 듣는 것은 지적 호기심을 채워주고 상식을 늘려주어 즐겁고 재미있는 일이었다.

산을 좋아하는 사람들의 모임인 산악회는 인천만 하더라도 그 수가 엄청나게 많다. 보통은 대장들이 공지한 산을 타면서 풍경을 즐기고 사진도 찍으며 여유 있게 등산을 한다. 하지만 오늘 따라나선 산악회는 일반 산악회 중에서도 규모가 제법 크며 대간 팀이 별도로 운영되고 있다. 그들은 우리나라 영토를 두루 밟아본다는 큰 목적을 가지고 있다. 그러기에 하루에 20km 혹은 그 이상을 걸어야 하는 벅찬 일정으로 산행을 하고 있다.

오늘 우리가 걸어야 할 거리는 17km로 낙동 정맥 22구간 중 9구간으로 3차 산행이다. 포도산 삼거리에서 여정봉 - 과수원 - 당집 - 화매재 - 삼군봉 - 황장재로 하산할 계획이다. 이 구간은 높은 산과 유명한 산이 없어 평이한 구간으로 낙동 정맥이 아니면 대부분의 산악회에서 산행을 잡지 않는 오지 산행 길이다.

포도산은 머루산이었다. 골짜기에 머루가 많이 나서 머루산이라는 이름을 지니고 있었는데 머루산이 한자로 바뀌면서 포도산이 되어버렸다.

산행을 시작한 지 두 시간 만에 여정봉에 오른다. 산 정상 같은 느낌도 들지 않고 정상석이나 표지판도 없다. 다만 삼각점이 있는 걸로 봐서 봉우리라는 걸 알 수 있다. 삼각점은 국토지리 정보원에서 주요 봉우리마다 박아놓은 네모난 화강암 표식인데, 토지 측량의 기준 자료로 활용한다. 목표를 정해놓고 등산을 하는 산꾼 중에는 정상 인증 사진이 꼭 필요한 사람이 있는데, 정상석이 따로 없을 경우 아쉬운 대로 삼각점을 찍기도 한다. 요즘은 GPS로 토지 측량을 한다고 하니 삼각점도 이젠 역사의 유물로 남을 것 같다.

　낙동 정맥은 영양군 석보면과 영덕군 지품면을 잇는 화매재를 가로질러 오르락내리락하다가 삼군봉에 이른다. 백두 대간에 있는 삼도봉이 3개의 도(경북, 충북, 전북)에 걸쳐 있듯이, 삼군봉은 3개의 군(영양, 영덕, 청송)에 걸쳐 있는 해발 532m 봉우리다.

　아까 올랐던 여정봉처럼 정상석도 없고 봉우리라는 느낌도 그다지 들지 않는다. 다만 '준+희'라는 산꾼 부부가 정성스럽게 달아놓은 팻말이 여기가 삼군봉임을 친절하게 알려줄 뿐이다.

　삼군봉에서 30분도 채 못 미쳐 종착지인 황장재에 도착했다. 선발대에 속했던 우리는 휴게소에 들러 손을 씻고 먼지도 털고 편안한 복장으로 갈아입기도 했다. 그리고 기다리던 버스에 올라 시원하게 휴식을 취하고 있었다.

　"야, 너 귀걸이도 빠졌어. 병원에 가봐야 되는 거 아냐?"
　"어, 정말? 얼굴이랑 몸이 온통 두드러기 나듯이 부풀어 오르고 있어."

강원도 고성군 진부리, 백두 대간 종주 기념공원과 기념비
백두산을 향한 대간 길 여기서 멈추다, 소름이 돋는다

앞좌석에서 누군가 수군수군 시끄럽다. 더위를 피해 시원한 에어컨 바람을 쐬며 눈을 감고 있던 나는 그들의 일에 별 관심을 두지 않았고 대수롭지 않게 생각했다. 그렇게 여유롭게 쉬고 있을 때 누군가 다급한 소리로 말했다.

"기사님, 내려오다가 벌레에 물린 것 같은데 자꾸 부풀어 오르고 있어요. 병원 좀 가주세요. 빨리요."

휴식을 취하고 있던 사람들이 내릴 틈도 없이 45인승 큰 버스는 청송 시내로 내달렸다. 깜빡 잠이 들었던 나는 버스의 흔들림에 잠이 깼고 심상치 않은 분위기에 적잖이 놀랐다. 알고 보니 아까 산에서 얼린 콜라로 우리의 갈증을 시원하게 풀어준 짱구 맘이 벌레에 물린 것이다.

우리는 가끔 텔레비전 뉴스에서 벌초를 하면서 벌집을 건드려 목숨까지 잃는 소식을 접할 때가 있다. 짱구 맘을 쏘고 달아난 범인(?)이 만약 말벌이라면 어떻게 되는 걸까? 여기는 오지 청송이고 오늘은 토요일인데, 병원이 문을 닫고 진료를 보지 않으면 어쩌지? 안동으로 나가야 하나? 불길한 생각이 스멀스멀 올라오는 걸 애써 누르며, 달리는 버스와 함께 내 마음도 뛰었다.

온통 초록이 무성한 산과 들판을 지나 청송 시내에 도착했다. 벌레에 쏘인 짱구 맘과 보호자 격인 산우 한 사람이 내려 병원으로 달려갔다. 이 시간에 진료를 보는 병원이 있어서 정말 다행이었다. 제발 별일 없었으면 좋겠다. 진료가 끝나길 기다리는 동안 버스 안에 있는 모든 사람들은 숨도 쉬지 않는 듯 고요했다. 종교를 떠나 동료의 무사안일을 위한 기도를 하고 있는 듯했다.

"기다려주셔서 감사해요. 주사 맞고 약 먹었어요. 하루 이틀 지나면 진정된다니까 너무 걱정 마세요."

"휴~ 다행이다. 그만하길 정말 다행이에요."

"벌레의 정체가 뭐예요? 말벌이에요?"

"글쎄요, 거의 다 내려와서 잠깐 쉴 때 뭔가 따끔하더라고요. 그래서 옷을 걷고 봤는데 침이 없었어요. 자료 검색을 해보니 말벌에 쏘여도 침이 없다기에 나는 말벌이라고 생각했는데 의사 선생님은 잘 모르겠다고 하시네요."

진료를 받으러 올 때와 달리 황장재로 돌아가는 마음은 가벼웠다. 황장재 휴게소에는 후미 주자들까지 내려와 우리를 애타게 기다리고 있었다. 진료를 보고 왔다는 소식에 모두들 내 일처럼 기뻐하며 시내에 있는 게르마늄 사우나로 향했다.

이 산악회의 특징 중 하나는 사우나로 산행을 마무리한다는 것이다. 어느 분의 아이디어인지 모르지만 참 좋은 생각인 것 같다. 17km, 8시간 산행, 무박 산행. 3중고의 고단함과 피로를 풀기 위해 청송 게르마늄 사우나가 예약되어 있다고 했다. 새벽부터 시작된 고된 산행으로 흘린 땀과 먼지를 싹 씻어내고 점심을 먹는다면 얼마나 개운할까. 그리고 버스를 타고 인천으로 돌아간다면 더할 나위 없이 완벽한 일정이다.

사우나를 하면서 피로를 풀 시간으로 40분이 주어졌다. 우리의 최대 관심사는 어느 산우의 몸매가 예쁜지, 배가 덜 나왔는지가 아니었다. 벌레 물린 짱구 맘의 몸이었다. 온몸이 벌겋게 달아오르고 우둘투둘한 것이 달나라 크레이터 같았다. 저 붉은 반점들이 과연 사그라질까 싶을 정도로 온몸이 울퉁불퉁했다. 정말 끔찍했다.

등산에서 안전은 아무리 강조를 해도 지나치지 않는다. 계절별로 필요한 장비와 개인의 건강에 따른 상비약들을 꼼꼼히 챙겨야 그나마 안전한 산행을 할 수 있다.

일반 등산과 달리 백두 대간 종주는 뜻을 음미하면서 걸어야 한다. 무작정 걷는 데 의의가 있는 게 아니라 뜻을 새기면서 걸을 때 백두 대간의 제맛을 느낄 수 있다. 한반도의 거대한 등줄기에서 우리 산야의 소중함과 자연의 톡 쏘는 매운맛을 경험한 가슴 벅찬 하루였다.

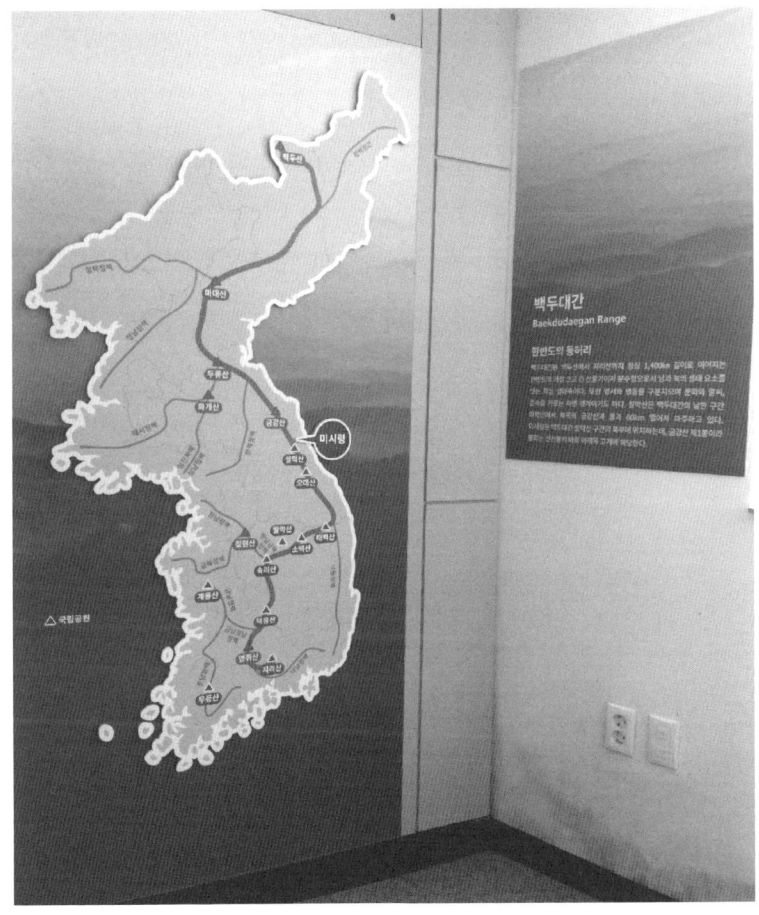
미시령 탐방 지원센터에서 찍은 사진
백두 대간의 힘찬 기운이 느껴진다

제주도

당일치기가 가능하다고?(한라산)

낯설고도 왠지 설레는 바람이 불어오는 제주도는 언제 가도 좋지만 이맘때 가면 더욱 좋은 곳이다. 사계절이 다 아름다운 곳이지만 특히 겨울산은 한라산의 꽃이라고 불릴 정도로 아름답다. 그렇기에 일 년에 세 계절을 한라산을 찾는다는 이야기 대장과 함께 다녀왔다.

김포에서 첫 비행기로 도착한 제주 공항은 구름이 잔뜩 끼여 있다. 저녁 9시쯤 비가 올 것이라는 예보가 있었는데 역시 비를 준비하고 있나 보다. 마음을 비운다. 비가 오면 오는 대로, 바람이 불면 부는 대로, 이 시간 이곳에 있다는 것에 감사하며 즐기자. 오늘 한라산은 어떤 모습을 보여줄지, 그 멋진 풍경들은 내게 어떤 의미로 다가올지 몹시 궁금하고 기대된다.

육지의 가로수와 사뭇 다른 제주의 가로수는 이국적인 정취를 느끼기에 충분하다. 마스크를 하고 있는 돌하르방과 노랗게 익어가는 귤은 제주도에 왔음을 더욱 실감 나게 한다. 택시 안에 비치된 손 소독제는 관광 도시다운 철저한 방역 의식을 엿볼 수 있어 마음에 들었다. 작년 연말 계획한 등산이라 오긴 왔지만, 설레는 마음과 염려스러운 마음이 공존하고 있던 내게 약간의 위로를 주었다.

  산행 하루 전 불안했던 마음은 온데간데없이 사라졌다. 곧 꽃망울이라도 터뜨릴 듯 포근한 날씨는 산의 환대를 받는 것 같아 기분을 더욱 좋아지게 했다. 지난주 내린 눈으로 한라산은 순백의 겨울 왕국으로 변해 있었다. 우리는 백록담을 오르는 몇 갈래 길 중에서 북쪽 코스인 관음사 탐방로를 택했다. 계곡이 깊고 산세가 웅장해 겨울 한라산의 진면목을 볼 수 있는 길이다. 탐방로 입구에는 등산객을 환영하는 문구와 함께 한라산과 탐방로에 대해 자세히 설명해놓았다. 이 코스를 처음 타는 나에겐 아주 유용한 정보다. 관광지 홍보에 심혈을 기울이고 있는 모습을 보니 제주도민이라도 된 듯 뿌듯했다.

  모두 다 베테랑 산객들이지만 출발 전 장비 점검을 철저히 한다. 안전한 산행을 위한 기본이다. 산행에 대한 굳은 의지를 드러내며 눈밭에 스틱을 꽂아보았다. 푹 들어갔다. 예년에 비해 최근 몇 년은 눈이 오지 않았는데 올해는 유난히 많이 왔다. 뽀드득 뽀드득, 눈 밟는 소리가 경쾌하다. 1m 이상 쌓인 눈길에 아이젠과 스패츠가 큰 몫을 한다. 아이젠은 눈길의 미끄럼을 막아주고, 스패츠는 등산화 사이로 눈이 스며들지 않도록 방지하여 발이 시리지 않게 보호해준다. 그런데 안전장비 하나없이 오르는 젊은 친구들을 보니 내 아들 같은 생각에 걱정이 앞선다. 별일 없이 무사히 산행하길 기도한다.

아는 만큼 보이고 보이는 만큼 사랑하는 법이다. 탐방로 중간중간에 한라산 식생들에 대한 안내와 탐방로에 대한 자세한 정보들이 기록된 표지판을 볼 수 있었다. 오르는 구간 구간의 거리, 탐방로의 난이도와 시간, 화장실 위치, 쉬어 갈 수 있는 곳 등이 자세히 기록되어 있다. 세심한 배려에 감동이 몰려온다. 사람은 이렇게 작은 것에도 감동할 수 있는 아주 여린 존재다.

계속되는 오르막에 숨은 거칠어지지만 쉼 없이 오르는 발걸음은 가볍다. 화려한 상고대를 기대했는데 포근한 날씨에 나무들은 길고 긴 팔다리를 다 드러내고 있다. 겨울 산행의 방한은 정말 중요하다. 저체온증을 막기 위해 철저히 준비해야 한다. 하지만 우리는 티셔츠 한 벌만 입고 오르고 있다. 준비해 온 두꺼운 외투는 휴식하면서 입어야 하기에 배낭에 넣어 간다. 빵빵해진 배낭만큼 설레는 내 마음도 빵빵하게 부풀어 오른다.

'저 높은 곳에 있는 걸 어떻게 땄을까?'

겨우겨우 간신히 살아간다 하여 겨우살이, 또는 겨울에도 푸르다고 하여 겨울살이라고 불리다가 겨우살이로 되었다는 겨우살이는 나무에게 해를 주지만 사람은 건강하게 해주는 귀한 약재다. 땅에 뿌리를 박고 다른 나무들과 경쟁하며 치열하게 살아가는 어미 나무에 비해 세찬 비바람에도 마냥 즐거운 철부지 같은 겨우살이가 군락을 이루어 자라고 있다.

저 멀리서 희미하게 기차 소리를 내며 모노레일이 올라오고 있다. 그 모노레일을 이용하여 눈 속에 묻힌 등산로를 확보하는 러셀을 하거나 삼각대피소까지 물품을 실어나르기도 한다. 산객의 편의와 안전을 위한 세심한 배려에 우리는 산을 온전히 즐길 수 있다.

키다리 삼나무 중간쯤에 노란 밧줄에 빨간 리본이 묶여 있다. 갑작스러운 폭설로 등산로가 확보되지 않을 때 등산객들을 안내해주는 생명의 리본이라고 한다. 무심히 지나쳤을 것의 의미를 알게 되니 마음이 든든해진다. 그 리본과 밧줄이 많은 눈에 파묻혀 있는 모습도 심심찮게 볼 수 있다.

산의 날씨만큼 변덕스러운 것이 또 있을까. 새벽에 본 흐린 하늘과 먹구름은 어디로 갔을까? 하얀 솜사탕처럼 뽀얀 구름이 나무와 어우러져 사이다 같은 청량한 산수화를 그린다.

걷는 게 고되다 싶을 때쯤 삼각봉 대피소에 도착했다. 하늘을 찌를 듯이 솟구쳐 빛나는 삼각봉, 그 날카로운 모습은 범접할 수 없는 거대한 자연 힘을 과시하고 있다. 관음사 입구에서 9시 10분쯤 출발해서 3시간 정도 걸렸으니, 아주 양호한 성적으로 대피소에 도착한 것이다. 12시가 지나, 늦은 오후에 도착하면 정상은 포기하고 하산을 해야 할 수도 있다. 안전한 산행을 위해 서둘러 올라갈 것을 재촉하는 방송이 계속 흘러나오고, 가야 할 길이 멀기에 서둘러 자리를 떴다.

삼각봉 허리를 돌아 왕관릉으로 향하는 길, 설국의 진귀한 풍경을 감상하며 걷는 길은 썰매를 타듯 눈길 속으로 미끄러진다. 우리나라에서 가장 높은 다리인 용진각 현수교를 지나, 산악인들의 동계 훈련 장소로 유명했던 용진각 계곡 쉼터에 도착했다. 데크는 눈 속에 묻혀 그 모습이 드러나지 않고 빨간 깃발만이 이곳이 데크임을 알려주고 있다. 각자 준비해 온 컵라면과 과일, 떡으로 허기진 배를 채웠다. 산에서 먹는 컵라면은 편리할 뿐 아니라 유명 식당의 산해진미 부럽지 않게 맛있다.

칼날 같은 위용을 과시하는 삼각봉
하늘을 찌르는 봉우리에서 범접할 수 없는 큰 힘이 느껴진다

'착한 사람들이 먹을 것을 남겨놓고 갔을 거야. 우리 내려가보자.' 한 무리의 까마귀 떼가 등산객들의 주변을 서성인다. 어느 산이든 야생의 동물들이 사람들이 남기고 간 인간의 양식에 길들여진 모습을 흔히 볼 수 있다. 새들을 위하여 빵 부스러기나 과자를 챙겨가는 산객들도 있다. 청량산의 만두(어떤 아저씨가 붙여준 새 이름)가 그렇고 도봉산 들고양이들은 아예 먹이 그릇도 있었다. 몇 해 전 설악산에 갔을 때 곰돌이 젤리를 너무나 맛있게 먹던 다람쥐를 보면서 신기해하기도 했었다. 야생에 적응하고 살아야 할 동물들에게 인간의 간식을 주는 것이 과연 맞는지 의문이 든다. 맛있게 먹는 모습이 신기하고 재미있어 사람들은 먹이를 주지만 단것에 길들여진 동물들의 삶은 어떻게 될까?

죽은 뒤에도 기묘한 형상으로 남아, 살아서 백 년 죽어서 백 년이라는 구상나무는 전 세계에서 우리나라에만 자생한다고 한다. 고지대 숲을 사철 푸르게 빛내던 나무가 기후 변화 앞에 맥없이 쓰러져가니, 이것이 비단 나무에게만 닥친 위기는 아닐 것이라는 생각이 든다.

급하게 솟구친 경사로에 숨은 가쁘지만, 우리가 가고자 하는 곳의 최종 목적지가 목전에 있으니 마지막 힘을 내어본다. 멀리서 바라만 보는 것이 아니라 직접 걸어보고 싶고 느껴보고 싶은 한라산, 쉼 없이 이어지는 오르막을 걸어 드디어 정상에 올랐다. 한라산의 높이는

1,950m로, '한번 구경 오십시오'로 외웠던 기억이 난다. 백두산, 금강산과 함께 우리나라 3대 영산으로 남한의 최고봉인 한라산, 그 정상에 있는 분화구는 모든 것을 수용하고도 남을 만큼 넓고 깊었다. 누군가는 죽기 전에 꼭 한번 가보고 싶다는 소망을 가질 만큼 보기 힘들다는 백록담을 마주하고 서 있으니 내 마음도 한없이 넓어지고 깊어진다. 파란 하늘 아래 선연히 모습을 드러낸 백록담과 정상석 위에서 해맑게 웃고 있는 눈사람은 정상석 인증의 백미를 더한다. 바람 많은 제주에서, 특히 백록담에서 얼굴 전체를 내놓고 사진 찍기는 기적에 가깝다고들 한다. 온몸을 꽁꽁 싸맨 채 눈만 내놓고 있어도 추운데 우린 장갑도 끼지 않은 채 스틱을 잡고 기념 촬영을 했다. 얼마나 운이 좋고 감사한 일인가?

눈 덮인 한라산 백록담
이 멋진 풍경을 볼 수 있다니, 난 참 행운아야!

오후 2시. 하루 중 가장 따뜻한 시간이다. 하산하라는 안내 방송과 국립공원 관리공단 공무원의 재촉을 받으며 떨어지지 않는 발걸음을 옮겼다. 설렘을 안고 올랐던 길만큼 진심을 다해 걸으면 짧지 않은 하산 길도 잘 내려갈 수 있으리라. 힘차게 걸어보리라. 성판악 코스로 내려가는 하산 길 풍경은 참으로 다채로웠다. 등산객들이 만들어놓은 눈사람은 여유로운 미소로 우리를 배웅하고, 아무도 밟지 않은 눈밭에서 사진을 찍는 등산객, 다양한 포즈를 잡아주며 추억을 남기는 사람들. 그 모습에서 여행의 참맛을 본다. 산이 좋아 산을 오르는 사람들은 오늘 만나도 반갑고 내일 만나도 반가워 격의 없이 인사를 나눈다. 앞서거니 뒤서거니 농담까지 주고받으며 서로의 즐거움을 공유한다.

진달래 대피소에 도착했다. 산을 오르기 전 계획은 삼각봉 대피소와 진달래 대피소에서 두 번에 걸쳐 라면으로 점심을 먹으려고 했었다. 하지만 신선한 공기가 내 안을 가득 채웠기 때문일까? 배고프다는 생각이 들지 않았다. 저녁을 맛있게 먹기로 하고 잠시 볼일만 보고 하산을 서둘렀다.

산 전체가 무료입장이 가능한 거대한 눈썰매장 같다. 건강함과 의지만 있으면 누구든 입장이 가능하다. 어린 시절 비료 포대 썰매를 타듯 내려오고 싶다는 강한 충동이 일었지만, 썰매 금지라는 문구가 개구쟁이 같은 그 마음을 잠재웠다. 많은 눈이 흙도 돌멩이도 덮어버렸다. 내 허리춤에나 있어야 할 등산로를 표시해주는 안전봉은 그 머리만 조금 보여줌으로써 존재감을 드러냈다. 허리까지 푹푹 빠지는 눈밭에서 마냥 어린아이 같던 그날의 웃음소리가 아직도 귀에 쟁쟁하다. 자연 앞에 너무나 순수한 인간의 모습, 생각만으로도 미소가 지어진다. 깨끗한 자연과 그 속에서 공존하는 우리들, 산을 오르내리며 한 번 더 가슴에 새긴다. 산을 사랑하는 내 마음보다 우리가 사랑하는 산을 먼저 생각하길….

그 푸르던 하늘에 구름이 심술을 부린다. 우리를 쫓아오는 속도도 빨라지고 있다. 비 소식이 있어 여벌 옷도 챙기고 우의도 챙겼지만, 산에서 비는 그리 반갑지 않다. 비가 오기 전에 하산해야 한다는 생각에 정신없이 내려와서 보니 아우성치는 발가락의 신음 소리가 들렸다. 오백 원짜리 동전만 한 크기의 물집과 여러 개의 작은 물집이 잡혀 있었다. 축복 같은 풍경에 오감은 즐거웠지만 쉽지 않은 코스에 몸의 고단함은 어쩔 수 없다. 성판악 탐방센터에 도착하니 빗방울이 하나둘 떨어지기 시작했다. 우리를 위한 한라산의 크나큰 배려. 감사하다.

호로록호로록, 쩝쩝쩝, 맛있는 소리가 홀을 가득 메웠다. 라면 하나로 버티기에 벅찼던 일정, 그 허기짐은 최고의 반찬이었다. 돌이라도 씹어 먹을 기세였다. 짜지 않고 적당히 맵게 끓인 갈치조림과 된장찌개에 밥 한 공기가 게 눈 감추듯 없어졌다. 그리고 배추전과 옥

돔구이가 유난히 맛있었다. 미식가의 '미'는 맛 味일까, 아름다울 美일까? 놀랍게도 맛 味가 아니라 아름다울 美라고 한다. 우리를 또 한 번 행복하게 해주었던 밥상은 아름다움을 넘어 화려하기까지 했다.

하산 후 내리기 시작한 비가 제법 굵은 빗방울로 변했다. 가로등 불빛에 비친 빗줄기는 산행의 피곤함을 씻겨 내려주듯 시원스러웠다. 공항 가는 택시를 기다리며 우리는 행복으로 꽉 찬 하루에 대한 느낌들을 나눴다.

바쁜 일상에서 제주 여행은 그리 쉽지 않다. 그러기에 보통 2박 3일의 계획을 세우고 비행기를 탄다. 혹자는 여유 있는 시간과 일정을 선호하기도 하지만, 오늘 등산을 안내한 대장은 산행이든 여행이든 꽉 찬 일정을 좋아하고 즐긴다. 그만큼 그의 삶이 바쁘기도 하지만, 짬 나는 시간에 많은 곳을 다니고 싶어 하는 그만의 기호가 들어있기도 하다. 여유, 또는 꽉 찬. 어느 것이 좋다, 나쁘다는 표현은 맞지 않다. 세상에 완벽한 것이란 있을 수 없고 모든 것에 장단점이 있기 마련이다. 새벽부터 부지런을 떤 당일치기 한라산 등산은 나의 한계에 도전한 산행이었고, 큰 만족감을 주었다. 우리들의 다음 등산이 꽉 찬 일정으로 계획된다 하더라도 난 기꺼이 떠나고 싶다. 더 많은 곳을 다니며 더 많이 보고 더 많이 사랑하고 싶다.

Epilogue

자연은 가장 위대한 스승이며 주치의다.

어차피 내려올 산을, 굳이 왜 힘들게 올라가느냐고 물어보는 사람이 가끔 있다. 사실 등산은 힘들다. 아무리 작은 산이라도 헐떡거리며 올라야 하고, 어제 오르고 오늘 또 올라도 여전히 힘들다. 힘들지 않았던 날은 단 한 번도 없다.

그럼에도 불구하고 사람들이 등산을 하는 이유는 뭘까? 무너진 몸의 균형을 바로잡기 위해 오를 수도 있고, 장엄한 일출과 해 질 녘 노을에 반해서 오를 수도 있다. 하지만 비단 절경에 젖기 위함만은 아닐 것이다. 가끔은 삶의 고통을 이겨내기 위해서, 일상에 흔들리는 자신을 주체할 수 없어서 오르기도 한다.

거친 산길을 오르며 내 호흡과 발걸음에 집중하고, 둘러갈 수 없는 암봉을 기어오를 때 자신에게 갖게 되는 깊은 신뢰, 산새들이 노래하는 호젓한 산길에서 느끼는 안온함과 평온함, 거대한 자연 속에서 나를 겪어내며 나를 알아가는 것, 그것이 등산이다. 순수한 나, 진짜 나를 만나는 것이며, 바위와 나무, 풍경과 이야기가 어우러진 산에서 더불어 살아가는 법을 배우는 것이다.

멀리서 바라보는 것도 좋지만 올라보면 더욱 좋은 산, 그 산을 가려면 어떻게 해야 할까? 가장 먼저 산을 올라보고 싶은 마음이 들어야 한다. 그 마음만 있다면 언제든 편하게 시작할 수 있다. 처음 산을 오를 때는 굳이 명품 브랜드의 등산복과 장비가 필요하지 않다. 그리고 시간과 비용을 들여 먼 곳까지 가지 않아도 된다. 등산화가 있으면 더욱 좋지만 만약 없다면 운동화나 워킹화를 신고 가까이 있는 작은 산부터 올라보자. 그리고 낯선 산에서 길을 잃을까 봐 두렵고 불안하다면 등산 앱을 이용하는 것도 좋은 방법이다.

마냥 빛날 줄로만 알았던 청춘이 희미해지고 인생의 중반에 들어섰다. 되돌아보면 즐겁고 행복했던 기억도 많지만, 아프고 힘들었던 기억이 더욱 선명하게 남아 있다. 그러나 내 삶이기에 포기할 수 없었고, 모른 척할 수 없었다. 그 순탄치 않았던 인생길에서 등산은 많은 위로와 용기를 주었다.

이제는 낯선 산도 주저 없이 오른다. 불투명한 미래도 두렵지 않다. 정상에 서서 산 아래 펼쳐진 멋진 풍경들을 보는 감동이 어떤 것인지, 오를 때의 고통보다 누리는 즐거움이 더욱 크다는 걸 경험으로 알기에, 산을 향한 발걸음을 멈추지 않는다. 그리고 삶을 향한 발걸음도 주저하지 않는다.

첫사랑, 첫아이, 첫 출간… 기쁘고 설레는 일이지만 처음이기에 부족하고 아쉬운 것이 많다. 책을 마치며 작은 소망이 있다면, 내 글로 인하여 산에 가고 싶다는 마음이 든다면, 주저하지 말고 산을 올라보시길… 산은 사람이 주지 못하는 위로를 누구에게나 공평하게 그리고 아낌없이 줄 것이기 때문이다.